D1722144

Henriette Carola Deppe

Ansichten vom Fluß

Weser-Bremen-Live

Mit Fotografien von
Stefanie Prahl
und einem Vorwort
von Stefan Boltz

Donat Verlag

Die Deutsche Bibliothek – CIP-Einheitsaufnahme

Henriette Carola Deppe:
Ansichten vom Fluß : Weser-Bremen-Live / Henriette Carola
Deppe. Mit Fotografien von Stefanie Prahl und einem Vorw.
von Stefan Boltz. – Bremen : Donat, 1997
 ISBN 3-931737-19-5

Gedruckt mit freundlicher Unterstützung von Kraft Jacobs Su-
chard, der Sparkasse in Bremen, HAL ÖVER – Gesellschaft
für innovative Stadttouristik mbH sowie des Senators für Bau,
Verkehr und Stadtentwicklung und des Senators für Frauen,
Gesundheit, Jugend, Soziales und Umweltschutz.

Lektorat: Helmut Donat, Bremen
Umschlag und Layout: Roland Bühs, Bremen
Druck: Girzig + Gottschalk, Bremen

Inhalt

Vorwort 11

Einleitung 13

Freizeit und Wohnen an der Weser
- „Wir waren wirklich mehr auf dem Wasser als auf der Straße" 17
- „Das ist ja hier an der Weser wie im Urlaub" 21
- „Früher war der Wassersport auf der Weser optimal" 29
- „Wo die Weser einen großen Bogen macht" 34
- „Es soll doch Freude machen, an der Weser entlang zu laufen" 35
- „Man wohnt wunderbar auf dem Teerhof" 39

Fischerei in der Weser
- „Das Bremer ‚Pfannenrecht'" 41
- „Um den Fisch drehte sich unser ganzes Leben" 45
- „Sick frein as so'n Stint" 47

Hafen und Hafenleben im Wandel
- „Bremen ist ein Hafen – Bremen hat einen Hafen" 49
- Kleine Einführung in die Hafensprache 58
- Zur Geschichte der Bremer Häfen 60
- Alma Rogge: „Bremen vor meinem Fenster" 62
- Berufe im Hafen und um den Hafen herum 65
- „Jederzeit bereit" – Die Lotsenbrüder 65
- „Die meisten blinden Passagiere hatten wir aus Afrika" 68
- „Wir versuchen, ein bißchen menschliche Wärme einzubringen" 72

Die Weser – Inspiration für die Kunst
- „Diese Lichtspiegelungen..." 79
- „In Steinwurfweite zur Weser" 81
- „Natürliche Klimatisierung durch die Weser" 82
- „Der geheime Bremer Klangbogen" 83
- Der Gezeitenbrunnen 85

Stadtfluß Weser – Flußstadt Bremen
- „Wenn Möwen und Reiher über unser Haus fliegen" 85
- „Fehlte nur noch der Eisbär" 87
- „Die Weser war ein reißender Fluß" 88

  – Die Staustufe Bremen – Wehr- und Schleusenanlage   99
  – „Der Übergang über das Wehr hat eine lange Tradition"   99

Rundwege
  – Rundweg 1: Weseruferpark Rablinghausen   107
  – Rundweg 2: Hasenbüren – Seehausen   109
  – Rundweg 3: Vegesacker Uferpark   111
  – Rundweg 4: Werderland und Ökopfad   113
  – Rundweg 5: Holz- und Fabrikenhafen   115
  – Rundweg 6: Peterswerder/ Hastedt/ Buntentor   124

Danksagung   124
Literaturverzeichnis   125
Bild- und Kartennachweis   127

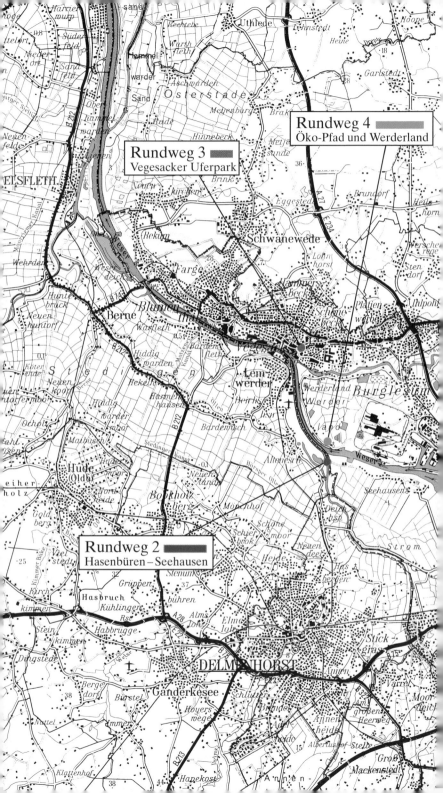

Rundweg 4
Öko-Pfad und Werderland

Rundweg 3
Vegesacker Uferpark

Rundweg 2
Hasenbüren – Seehausen

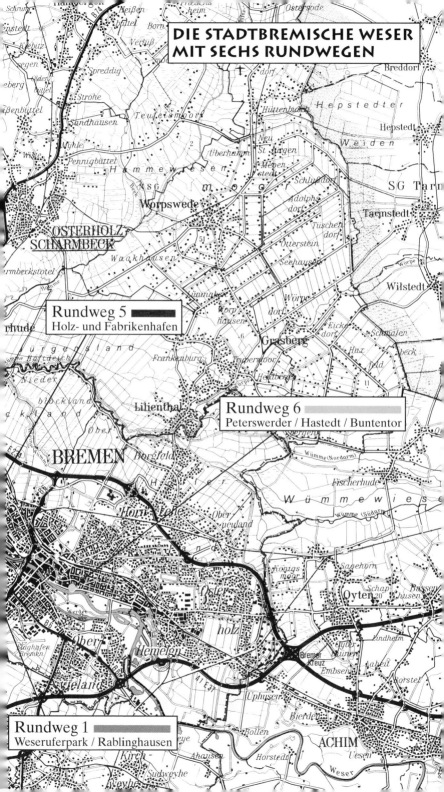

DIE STADTBREMISCHE WESER
MIT SECHS RUNDWEGEN

Rundweg 5
Holz- und Fabrikenhafen

Rundweg 6
Peterswerder / Hastedt / Buntentor

Rundweg 1
Weseruferpark / Rablinghausen

Blick auf Bremen und die Weser

Vorwort

Wie erleben die Bremer ihren Alltag am Fluß – beruflich und privat? Wo sind ihre Lieblingsplätze, was erzählen sie von ihrem Leben an der Weser?

Diesen interessanten Fragen ist die Neu-Bremerin Henriette Carola Deppe, die Autorin des „Weser-Bremen-Live" nachgegangen. Bei ihren Recherchen hat sie viele Bremerinnen und Bremer bei der Arbeit oder zu Hause besucht und auf ihre ganz persönlichen Eindrücke und ihr Verhältnis zur Weser ansprechen können. Es entwickelten sich viele spannende Gespräche, die hier lebendig im Zusammenhang dargestellt werden und ein Stück Zeitgeschichte erhellen.

In Bremen, der traditionsreichen alten Hansestadt und zugleich größten Stadt an der Weser, haben erstaunlich viele Menschen eine besondere Beziehung zu ihrem Fluß – der Weser. So berichten Bremerinnen und Bremer von ihrer Kindheit am Weserstrand und vom Baden in der Weser, von ihrer Arbeit in den Häfen oder vom Weserdurchbruch. Sie erzählen vom Aal- und Stintangeln und -zubereiten oder vom Zigarettenschmuggeln über den Zollzaun in der Nachkriegszeit, von blinden Passagieren an Bord oder dem Segeln und Rudern weserabwärts nach Mittelsbüren, von der Natur in der Stadt und von den Pilgerwegen der Werder-Fans über den Osterdeich ins Weserstadion.

Vieles hat sich in den letzten Jahrzehnten verändert. Neue Deiche sind gebaut und neue Hafenbecken angelegt worden. Die Weser wurde tiefer ausgebaggert, ihre Ufer neu befestigt. Von der einst idyllischen Uferlandschaft läßt sich nur noch wenig erahnen. Der Welthafen Bremen hat eben seinen Preis. In den Häfen konnte man auf vielen Arbeitsplätzen gutes Geld verdienen. Für Jahrzehnte sagte man: „Bremen hat nicht nur einen Hafen – es ist ein Hafen!"

Inzwischen haben sich die Häfen weltweit verändert. Weniger, aber dafür größere Schiffe transportieren mehr Ladung, heute meist in Containern, und bleiben nur für wenige Stunden zum Be- und Entladen im Hafen. Von den vielen Werften haben leider auch an der Weser nur wenige überlebt. Manche hafennahe Fläche kann also heute neu genutzt werden.

So wird das Wohnen am Wasser und das Wohnen in der City wieder neu entdeckt: im Ostertorviertel, im Vegesacker Fährquartier, in der Neustadt oder auf dem Teerhof mitten in der Weser. Auch die Freizeit am Fluß wird wieder interessanter. Neue Restaurants, Cafes und Bistros sowie

11

Kulturzentren und Museen am Fluß laden ein. Dazu kommen Tausende von Kleingärten und viele Sportanlagen in Wesernähe, die zur Freizeitqualität in Bremen beitragen. Eindrucksvolle Bilder der Fotografin Stefanie Prahl ergänzen die Texte und zeigen die Vielseitigkeit der Lebenssituationen und der Stimmungen am Fluß. Spezialkarten mit Tourenvorschlägen möchten Sie einladen, zu eigenen Erkundungen an die Weser aufzubrechen. Die Rundwege in den verschiedenen Stadtteilen sind für Fußgänger wie für Radfahrer geeignet.

Als Projektleiter des Senatsprogramms „Stadt am Fluß" in Bremen möchte ich Ihnen dieses Buch ganz besonders ans Herz legen und es Ihnen zur Lektüre empfehlen. Es bietet für Bremer und Butenbremer eine sehr gute Gelegenheit, Bremen als Stadt am Fluß noch besser kennen zu lernen und vielfach ganz neu zu begreifen. Lassen Sie sich also überraschen, wie vielseitig Bremen als Stadt am Fluß sein kann, wie das Leben am Fluß die Bremer prägen und begeistern kann. Und Sie werden auch etwas von dem Zauber erfahren, warum so viele Bremer ihre Stadt einfach nicht mehr verlassen wollen. Erleben Sie also Weser-Bremen-Live.

Stefan Boltz

Einleitung

„Sie machen sich gar keine Vorstellungen, wie schön der Weserstrand war. Der Sand war richtig weiß," erinnerte sich schwärmerisch einer meiner Gesprächspartner an seine Jugend in Bremen.

Gespräche mit jungen und älteren Bremern und Bremerinnen über die Weser sind die Grundlage des vorliegenden Buches. Sie erzählen ihre Erinnerungen, ihre Erlebnisse, formulieren ihre Wünsche und Planungen zur Gestaltung des Flusses und üben auch Kritik. Alle Gesprächspartner und -partnerinnen haben oder hatten direkt etwas mit der Weser in ihrem beruflichen oder privaten Alltag zu tun: Freizeitsportler, Fischer, ehemalige Mitarbeiter im Hafen, Wasserschutzpolizisten, Ingenieure, Künstler oder Stadtplaner.

Freizeit und Wohnen, Fischerei, Hafen und Hafenleben sind ebenso Themen dieses Buches wie die Weser als Naturereignis in der Stadt oder als Inspiration für die Kunst. Es entsteht ein Bild bremischen Lebens mit und um den Fluß, das Aufschluß gibt über den „Stadtfluß Weser – die Flußstadt Bremen" und vor allem über das Lebensgefühl in der Stadt. Auch über künftige Planungen, z.B. über die neue Schleuse können Sie etwas erfahren. Rundwege laden ein, an der Weser spazierenzugehen oder an ihr entlang zu radeln, sich Kunst, Architektur oder Natur zu erschließen.

Im Laufe der Jahrhunderte veränderte sich das Verhältnis der Menschen zu ihrem Fluß. Im 17. Jahrhundert noch als „Edler Strom" bezeichnet, wurde die Weser seit Ende des 19. Jahrhunderts bis in die siebziger Jahre des 20. Jahrhundert hinein immer mehr zum Verkehrsweg und Kanal mit hohen Spundwänden und Steinanschüttungen.

Bremen war – und ist es eingeschränkt immer noch – eine Hafenstadt mit einer starken wassergebundenen Wirtschaft. An der Weser befanden sich zahlreiche Arbeitsplätze, und an der Weser verbrachte man seine Freizeit. Für die Älteren war die Weser früher wirklich die Lebensader.

Mit der zunehmenden Industrialisierung in den fünfziger und sechziger Jahren und der entsprechenden Ausstattung der Weser zur Wasserstraße änderte sich die Beziehung der Menschen zu ihrem Fluß. Die Weser als Freizeitort geriet immer mehr ins Abseits. „Baden verboten!", hieß es seit den sechziger Jahren. Man wandte sich vom Fluß ab, was auch durch die Stadtentwicklung jener Zeit – z.B. das Bauen am Stadtrand – manifestiert wurde. Auch die neu gebaute

Die Weser in Bremen – Blick vom Osterdeich

Martinistraße z.b. schnitt die Innenstadt von der Weser völlig ab.

Die gesellschaftliche Entwicklung seit den achtziger Jahren: die Krise der wassergebundenen Wirtschaft, ein zunehmendes Engagement für die Umwelt, mehr Freizeit, haben die Weser als Erlebnisort wieder mehr ins Bewußtsein gerückt. Heute ist die Attraktivität der Weser erheblich gestiegen, was nicht zuletzt dem Stadtentwicklungsprojekt „Stadt am Fluß" zu verdanken ist. Die Wasserqualität ist mittlerweile so gut, daß ab Mai 1995 die Flußstrecke von Bremen-Stadt bis Vegesack wieder zum Schwimmen freigegeben werden konnte.

Genutzt wird die Weser vor allem von denjenigen, die in den wesernahen Stadtteilen wohnen oder sie auf ihren täglichen Wegen kreuzen. Man geht an der Weser spazieren, rudert, segelt, fährt Fahrrad, spielt Fußball, angelt oder sitzt einfach in einem der Ufer-Cafés. Und Besucher rufen z.b. begeistert aus: „Das ist ja hier wie im Urlaub", wenn sie mit der Sielwall-Fähre zum Café Sand hinüberfahren. Einer mündlichen Überlieferung zufolge, die während der Arbeit zu *WeserBremenLive* ans Tageslicht kam, wurde einmal in der Weser ein Fäßchen Gold gefunden. „Mein Vater erzählte das oft uns Kindern. Den

14

Schatz hat man bei der Stadt abgegeben und nannte ihn das Goßmannsche Erbe. Und es hieß, daß der Schatz so groß sei, daß jedes erstgeborene Kind in Bremen davon studieren könne. Mein Vater hat immer gesagt, wenn du studieren willst, könntest du vom Goßmannschen Erbe studieren." – Drückt diese Legende nicht ein inniges Verhältnis zu diesem Fluß und zu dieser Stadt aus? Die Weser war nicht nur Lebensader, Handelsstraße und Schlüssel zur Welt, sondern verbarg sogar in ihrer Tiefe einen Schatz, der für immer und ewig für Bildung und Wohlstand sorgt. Wie gut könnte Bremen diesen Schatz gebrauchen!

Als Neubremerin, ich lebe seit drei Jahren in dieser Stadt, ein Buch wie *WeserBremenLive* zu bearbeiten, ist die beste Methode, sich bald nicht mehr 'neu', sondern ziemlich heimisch zu fühlen. Über die Gespräche mit Bremer Bürgern und Bürgerinnen habe ich etwas über die Vielfalt bremischen Lebens erfahren. Als „Zugezogene" mit einem unvoreingenommenen Blick Bremen zu betrachten, läßt manches in einem anderen Licht erscheinen, was für Bremer längst zum 'normalen' und daher 'unsichtbaren' Alltag zählt, der Fluß zum Beispiel gehört dazu. Er ist mir bald ein zentraler, bedeutsamer Teil der Stadt geworden, der die Lebensqualität an diesem Ort deutlich erhöht.

Das Buch bietet Ihnen sechs Rundwege entlang der Weser, vom Hastedter Uferpark bis zum Rablinghauser Uferpark und zum Hafen, und will damit anregen, den einen oder anderen neuen Pfad an der Weser zu gehen, den Fluß und seine Ufer aufmerksamer zu betrachten. Vielleicht gelingt es *WeserBremenLive*, Ihnen die Weser noch oder wieder etwas näherzubringen.

Bei allen Gesprächspartnern und –partnerinnen möchte ich mich noch einmal für ihre bereitwilligen und persönlichen Auskünfte herzlich bedanken.

Besonders danke ich Stefan Boltz vom Senator für Bau, Verkehr und Stadtentwicklung und Stefanie Prahl, die die Fotos anfertigte. Unsere Zusammenarbeit war angenehm und hat viel Spaß gemacht.

Timmermanns Badeanstalt in Woltmershausen, 1933

Eingang zur Flußbadeanstalt von Hermann Wagenbrett in der Pauliner Marsch, 1930

Freizeit und Wohnen
an der Weser

„Wir waren wirklich mehr auf dem Wasser als auf der Straße,"

erinnert sich eine Gesprächspartnerin, die direkt am Weserufer aufgewachsen ist, begeistert: „Wir haben geangelt, gesegelt, gerudert, geschwommen." Besonders in den wesernahen Stadtteilen bestimmte der Fluß mit seinem Strand das Freizeitverhalten. An der Weser machte man Urlaub. Die Weser und das Weserufer waren gleichzeitig Schwimmbad, Strand und Abenteuerspielplatz. „Meine Kindheit habe ich in Rablinghausen sehr intensiv an der Weser verbracht" erzählt Egon Wöltjen, ein ehemaliger Mitarbeiter der Bremer Lagerhaus-Gesellschaft (BLG). „Wir sind jeden Tag im Sommer zum Baden gegangen. Wir konnten von der Duntzestraße am Strand längsgehen bis nach Lemwerder. Vom heutigen Weseruferpark bis zum Lankenauer Höft war alles Strand."
Der in Walle und Gröpelingen aufgewachsene Musiker Hartmut Emig erinnert sich: „Zum Baden sind wir nach Mittelsbüren gefahren. Das war dann immer ein ganzer Tagesausflug. Mit der Linie 11 fuhren wir auf der heutigen Hafenrandstraße zur Nord-

deutschen Hütte, die später von Klöckner einverleibt wurde. Nach der Hütte war blanke Wildnis. Man mußte noch drei Kilometer laufen, und dann kam man an diesen wunderbaren Weserstrand, einen riesigen Naturstrand. Es war traumhaft schön. Große Schiffe kamen vorbei. Im Sommer gab es noch eine kleine Ruderfähre rüber nach Hasenbüren. Mein Vater nahm mich oft, als ich noch nicht schwimmen konnte, eine Tour auf dem Rücken mit, und zurück mit der Fähre."
„Uns reichte die Weser am Osterdeich," berichtet Wendelin Seebacher von der Bremischen Gesellschaft für Stadterneuerung, Stadtentwicklung und Wohnungsbau. „Ich komme aus dem Ostertor. Für uns sind Weser und Osterdeich unsere Freizeit gewesen. Wir waren häufig in den Flußbadeanstalten und sind auch über die Weser zur anderen Seite geschwommen. 1947 sind wir sogar zu Fuß rüber. Da war die Weser sehr stark vereist. Wir Jungs sind auf die Bockschiffe rauf und haben uns dann mitnehmen lassen. Früher sind wir mit der Kaffeekanne rüber, wo heute Café Sand ist, und haben dort einen Badetag verbracht. Den Kuhhirten gab es auch schon und das Licht- und Luftbad. Je tiefer und schmutziger die Weser wurde, desto weniger war das Baden möglich. Die Weser häfenabwärts ab

Sielwall-Fähre mit Badestrand und radgetriebenem Dampfschlepper, um 1925

der Großen Weserbrücke habe ich als Kind gar nicht kennengelernt."

„Sie machen sich gar keine Vorstellungen, wie schön der Weserstrand war", erzählt Günter Friedrichs, ehemaliger Oberstudiendirektor in Huchting, aufgewachsen in Oslebshausen. „Der Sand war richtig weiß. Anschließend lagen Brackwassergebiete. Dort gab es alle möglichen Tiere. Reiher und Störche waren selbstverständlich. Auf sie achteten wir gar nicht. Im Laufe der Vertiefung der Weser und der zunehmenden Industrialisierung ist vieles verloren gegangen. Als Kind war ich in Mittelsbüren baden. Ich kann mich nicht erinnern, daß mein Vater mich vor der Strömung gewarnt hat. Wenn ein Schlepper kam, sprangen wir erst

recht ins Wasser und freuten uns über die hohen Wellen. Vor der Wümme hatten wir mehr Respekt als vor der Weser. Die war reißender. Das ist heute unvorstellbar."

Das Baden in der Weser gehörte auch zum Alltag der Erwachsenen. „Mein Vater hat in den Atlaswerken gearbeitet. Als junger Mann ist er mit seinen Kumpels rübergeschwommen nach Woltmershausen, um dort ein Bier zu trinken. Und dann wieder zurück. Und das in einer halben Stunde Mittagspause," so Günter Friedrichs.

Für die Bremerinnen und Bremer in der Innenstadt, der östlichen Vorstadt, der Neustadt war der Strand am Sielwall – neben dem Ochtumbad – die nächste Möglichkeit, um ein erfrischendes Bad zu nehmen. „Anfang der fünfziger sind meine Frau und ich häufig abends nochmal am Sielwall in die Weser gesprungen. Auch rübergeschwommen," erinnert er sich, „Und als junger Lehrer, Anfang der Sechziger, bin ich gern an Wandertagen mit meiner Klasse die Lesum entlanggelaufen. An dem Dreieck, wo Weser und Lesum zusammenstoßen, war eine Badeanstalt. Dort sind wir baden gegangen. Anschließend sind wir mit der Ruderbootfähre über die Lesum rüber und vom Vegesacker Bahnhof mit dem Zug zurück nach Bremen."

„Als wir Pusdorfer dann ins Poussieralter kamen, sind wir mit unseren Mädchen zum Strand gegangen," erinnert sich Hans-Joachim Abendroth, ein ehemaliger Mitarbeiter der BLG, begeistert. „Wir Jungs sind über die Weser zur Mole des Europahafens

Die Bremer Weserfähren vom 10. Jahrhundert bis heute

19

Blick vom Fährhaus „Wähmann" in Lankenau, um 1954

geschwommen. Aufgepaßt haben wir nur, wenn das Polizeiboot kam. Die Mädchen blieben am Strand. Die Bockschiffe, die vorbeikamen, wurden von zwei bis drei Schleppern geführt und zogen ihre Beiboote hinterher. Dann schwammen wir raus und ließen uns ein Stück mitnehmen, sind dann rein ins Boot und mit einem Köpper wieder zurück. In Woltmershausen sind wir verbotenerweise vom schwimmenden Ponton gesprungen und haben uns mit der Strömung die 7oo Meter zum Strand am Lankenauer Höft treiben lassen. Das war auch eine Art Mutprobe. Das Leben in Woltmershausen war schön. Wir haben Stinte gefangen mit dem Ke-

scher. Wir haben im Hohentorshafen gebadet, wo es auch ein richtiges Bad gab. Vater Hornig, der Bademeister, hatte nur ein Bein. Er saß immer im flachen Wasser, und hielt uns Kinder hinten an der Hose fest. Dann mußte man schwimmen. Die ersten Mutsprünge haben wir bei Niedrigwasser von der Pier oben gemacht. Wir Jungs machten ja alles."

Die Jugendlichen aus verschiedenen Stadtteilen trugen ihre Konflikte zuweilen auch handgreiflich aus, vor allem wenn es um die Mädchen ging. „Zwischen Gröpelingen und Lankenau fuhr eine Fähre, und dort am Anleger war die Gastwirtschaft ‘Mutter Wähmann', so Hans-Joachim Abendroth. „Dort fanden häufig Tanzveranstaltungen statt, manchmal auch mit Schlägerei. Bei den Gröpelingern wurde aufgepaßt. Die Pusdorfer wollten unter sich bleiben. Und die Mädchen wollten wir auch für uns haben. Hin und wieder haben wir uns dann gerauft."

„Als ich jung war," schildert Karl Ritsch, ein ehemaliger Mitarbeiter des Hafenbauamtes, „lag an der alten Kleinen Weser, als dort noch die Tide durchging, ein alter Raddampfer. Auf diesem Raddampfer spielten wir immer Kapitän. An einem Tag hatten wir auch wieder dort gespielt. Das Wasser war hoch aufgelaufen. Irgendjemand muß die Leinen losgemacht haben. Der Raddampfer wurde quer in die Kleine Weser getrieben. Er hing auf der Böschung und

Wegweiser am Franziuseck

brach mittendurch. Das Schiff hat dort fast ein ganzes Jahr durchgebrochen gelegen."

„Als ich jung war und die mit der Flutwelle die Weser hochkommenden Seeschiffe aus aller Herren Länder sah," berichtet Hans P. Erling, der Seniorchef der Roland-Mühle, „bekam ich immer Fernweh."

„Das ist ja hier an der Weser wie im Urlaub"

„Ich wohne im Ostertor und ein richtiger Lichtblick ist für mich die nahegelegene Weser und auch das Rüberfahren zu den Kleingärten und dem fast noch Ländlichen," bemerkt Michael Abendroth vom Bund für Umwelt und Naturschutz (BUND). „Einerseits wohne ich mitten in der Stadt, andererseits brauche ich nur ein paar Minuten und habe eine völlig andere Umgebung. Das ist ein sehr schöner Kontrast. Wenn ich Besuch bekomme und wir fahren mit der Fähre rüber zum Café Sand, sagen die Freunde dann: „Das ist ja hier wie im Urlaub". Was Schöneres kann man doch gar nicht haben. Wenn jemand in die Großstadt fährt und dort das vorfindet, wo andere Leute im Urlaub hinfahren. Es geht nicht um drei Wochen Café Sand buchen. Aber ein Hauch von Urlaub ist immer dabei, wenn man mit der Fähre fährt. Ein

Blick vom Osterdeich auf das Café Sand

bißchen wie in Griechenland – einen kleinen Moment lang."

„Ich bin acht Jahre lang mit der Fähre nach Lemwerder gefahren, weil ich dort einen Chor leitete," erzählt Hartmut Emig. „So um 19.30 fuhr ich mit der Fähre, je nach Tide etwas kürzer oder länger. Ich habe das immer als so einen kleinen Miniurlaub empfunden, einen Zweiminutenurlaub. Das ist wirklich Lebensqualität. Viele Erinnerungen kommen da hoch an Urlaubssituationen, Fähren nach Sardinien und Korsika ... man wird befördert, hat eigentlich nichts zu tun. Das ist wirklich einmalig. Ohne die Weser wärs richtig öde hier." So denken wohl viele.

Tag für Tag nutzen Tausende Bremerinnen und Bremer, Jung und Alt, die Weser in ihrer Freizeit, seien es Spaziergänger mit oder ohne Hund, Jogger, Fußballspieler, Wassersportler, Angler, Drachenführer oder Fahrradfahrer. Vor allem bei schönem Wetter herrscht ein reges Treiben zwischen Stephanie- und Werderbrücke, an Weser, Kleiner Weser und Werdersee. 20.000 Bremer haben z.B. das Naherholungsgebiet „Werdersee" direkt vor der Haustür. In einem weiteren Einzugsbereich von 1.000 Metern wohnen rund 60.000 Menschen in seiner Nähe.

„Ich bin sehr viel an der Weser. Zweimal in der Woche haben wir eine

Laufgruppe. Wir treffen uns an der Sielwallfähre und laufen über das Weserwehr auf der anderen Weserseite zurück. Und ich gehe auch gerne mal spazieren," verrät Michael Abendroth. Auch Willi Lemke von Werder Bremen joggt begeistert an der Weser und um die Weser herum: „Meine traditionelle Joggingstrecke geht vom Weserstadion über die 'Erdbeerbrücke' zum Werdersee, über die Kaisenbrücke und den Osterdeich zurück. Das sind zehn Kilometer, die laufe ich zweimal wöchentlich. Da erlebe ich den Fluß sehr deutlich. Es ist eine tolle Strecke."
„Ich halte mich in meiner Freizeit vorwiegend an der Weser auf," meint Jimmi Päsler, ein Bremer Künstler.

„Das Leben am Fluß ist schön. Es macht Spaß zum Spazierengehen, Radfahren und Beobachten, ein bißchen Seegefühl ist doch herrlich."
Hans Wilhelm Sotrop, gleichfalls Künstler, schwärmt: „Ich radle täglich an der Weser." „Und wenn wir eine kleine Radtour machen z. B. in die Innenstadt," ergänzt Hartmut Emig aus Walle, „fahren wir natürlich an der Weser entlang. Der Fluß übt einfach seine Faszination aus."
„Ich habe übrigens letztes Jahr das erste Mal in der Weser gebadet, und zwar am Sielwallanleger," begeistert sich Michael Abendroth. „Es war sehr heiß und ich kam gerade vom Sport. Die Weser hatte Hochwasser. Die Atmosphäre war schön und die

Die Weser in Bremen um 1850 – Zeichnung von Adolph Eltzner

Auf dem Osterdeich mit Blick auf den Wasserturm

Fähre war gerade weg. Da bin ich ihr hinterher geschwommen, etwa zehn Meter, bis die Pfähle zu Ende waren. Dann mußte ich wieder zurück, weil die Fähre ja schnell wiederkommt und das Schwimmen dort verboten ist. Es war ein herrliches Gefühl, in der Weser zu baden. Es gab ganz viele kleine Krebse. Ich habe natürlich schon aufgepaßt, daß ich kein Wasser schlucke."

Hildegard Kempista, die Urenkelin von Luzie Flechtmann, der berühmten Bremer Fischfrau, fühlt sich nur am Wasser zu Hause. „Mein ganzes Leben war ich an der Weser. Auch der Geruch ist herrlich. Wenn ich an

der Weser bin, denke ich, hier riecht es wie zu Hause." Und der Urenkel von Luzie Flechtmann, Jan-Jörg Flechtmann ergänzt: „Mit den Kindern sind wir im Sommer gerne auf dem Peterswerder südlich des Stadions. Dort gehen wir Eis essen und setzen uns dann auf eine Bank. Man hat einen schönen Blick auf die Weser und sieht gleichzeitig die Flugzeuge starten und landen."

Die Weser beruhigt das Gemüt, ist je nach eigener Stimmung und Jahreszeit die richtige Partnerin um abzuschalten, nachzudenken, zu träumen. „Meine Lieblingsstelle ist in Hasenbüren," ergänzt eine Gesprächspartnerin, „da setze ich mich manchmal auf eine Bank am Deich, wenn ich traurig bin."

„Mein Lieblingsort an der Weser," meint Hans P. Erling, „befindet sich am Utkiek in Vegesack. Mein Traum ist, an Bord eines Frachters oder vielleicht auch eines Passagierdampfers von Bremen-Stadt in See zu stechen." Ein besonderer Anziehungspunkt ist das Café Sand und die Sielwallfähre. Fast alle Gesprächspartner sind sich da einig. Kinder buddeln im Strand, die älteren unter ihnen klettern über die steinige Uferbefestigung oder auf Bäume. Das Café Ambiente und die Weserterrassen sind ebenfalls gern besuchte Anlaufpunkte. Enten- und Möwenfüttern sind beliebte Vergnügungen. So antwortet Malte, fünf Jahre alt: „Mein Lieblingsplatz an der Weser ist an der Mauer beim Ambiente, da wo wir immer Enten füttern." Weitere wichtige Merkmale sind außerdem der Wasserturm, im Volksmund die „umgekehrte Kommode" oder auch „Wasserkunst" genannt, der Teerhof und das Weserwehr mit Schleuse. Beliebt sind auch die Aktivitäten am Fluß, z.B. Kajenmarkt, Flohmarkt, Breminale, Maifest, Open Air Konzerte im Weserstadion u.a. „In den achtziger Jahren haben wir ein riesiges Friedensfest unterhalb

Burgenbauen am Café Sand

25

Am Osterdeich

Weserflohmarkt am Uferweg An der Tiefer

Angler beim Lankenauer Höft

Wintervergnügen an der Weser

der Weserterrassen gefeiert. Der Fluß stellte eine richtig schöne Atmosphäre her," erzählt Hartmut Emig begeistert. Und Jimmi Päsler erinnert sich an die schönen Feten, die er während seines Studiums an der Weser erlebt hat.

Aber nicht nur zu besonderen Freizeitaktivitäten lädt die Weser ein. Ihre Stärke liegt darin, täglich einfach da – oder je nach Tide auch nicht richtig da zu sein.

„Am Osterdeich bei Flut ist die Weser ein Fluß, und vom Europahafen abwärts ist sie auch ein Fluß", sagt Wendelin Seebacher von der Bremischen Gesellschaft. „Aber bei Ebbe gehe ich mit keinem Besucher aus der Altstadt an die Weser; denn man sieht nur noch die häßlichen Spundwände und Mauern. Damit mir das nicht passiert, schaue ich vorher in die Zeitung, wann wir Flut haben. Stellen Sie sich vor, sie kommen aus diesem schrecklichen Tunnel von der Böttcherstraße und sehen dicht vor sich den Teerhof. Dann müssen Sie tief runtergucken und sehen ein Rinnsal in einer tiefen Schlucht. Aber es gibt auch noch schöne Dinge. Das Café Sand ist auf der einen Seite. Die Fähre fährt wieder. Die Weserufer müssen abwechslungsreich gestaltet sein. Da ist der Osterdeich, der ist grün und sanft, dann kommt ein hartes Stück Stadt, technisch, da ist Leben, Handel, Kioske, Verkehr, Krach, dann kommt hinter der Stephaniebrücke wieder ein grüner Bereich, der dann in die Wallanlagen abzweigt. Im Grunde ist das ganz toll. Da wo die Wallanlagen sind, könnte es ruhig noch grün weitergehen, da sind dann aber die Häfen. Das wird ja nun umgestaltet."

„Mir ist die Weser zu langweilig," meint Willi Lemke. „Ich habe schon mal vorgeschlagen, einen Hafen hier in die Ecke zwischen Weserstadion und Café Ambiente zu bauen, so ein richtig schickes Ding: eine Kombination von Wohnen und maritimen Erleben mit Anlegehafen, Kneipe, Café. Und er muß begehbar sein für die Bevölkerung. Das wäre traumhaft. Jetzt im Augenblick ist dieser Bereich völlig abgegrenzt."

Hans-Joachim Abendroth, ehemaliger Mitarbeiter bei der BLG, der die Weser aus seiner Kindheit in Erinnerung hat, meint: „Die Weser ist ja heute nur noch als Straße nutzbar. Der Freizeitspaß hat bloß noch eine geringe Bedeutung."

Übereinstimmend werden mehr Cafés gewünscht, eine attraktivere Ufergestaltung und eine Flaniermeile. Die Kinder möchten mehr Kletterbäume und Spielmöglichkeiten haben. Von „Palmen auf der Promenade und Süßigkeiten an den Bäumen", träumt der fünfjährige Niels. Fast alle Gesprächspartner möchten in der Weser wieder baden können. Jimmi Päsler bringt, was die Sauberkeit angeht, den anzustrebenden Zustand der Weser auf den Punkt: „Wenn man reinfällt, und hinterher nicht gleich duschen muß."

„Früher war der Wassersport auf der Weser optimal,"

erzählt der ehemalige Vorsitzende der Yachthafengemeinschaft Hasenbüren, Günter Friedrichs. „Die Segler hatten meistens Jollenkreuzer, mit denen sie bis ins Watt fahren konnten. Sie fuhren am frühen Sonnabendmittag, wenn sie von der Arbeit aus der Werft kamen, los bis Vegesack oder Mittelsbüren. Dort ließen sie sich auf dem Strand trockenfallen, verbrachten einen herrlichen Abend, gingen am nächsten Tag nochmal baden und fuhren mit der Flut wieder zurück. Dies war noch in den fünfziger Jahren der Fall. Das weiß ich von den ehemaligen Seglervereinigungen in Woltmershausen am Westerdeich, die vis à vis von den alten Atlas-Werken lagen. Die Woltmershauser z.B. haben fast alle ihre Boote in Eigenbau angefertigt. Sie arbeiteten meist in den Atlaswerken, wo sie auch manche Niete und Material für ihre Boote „besorgten". „Die traditionellen Wassersportler in Bremen", so Gün-

Weser-Kneipe in Woltmershausen

ter Friedrichs, „sind die kleinen Leute. Sie arbeiteten jede freie Minute an ihrem Boot, steckten jede Mark hinein. Das Vereinsleben spielte in einigen Vereinen eine große Rolle. Es war wie in alten Zeiten sehr verbindlich. Nach Feierabend über den Deich zum Boot zu gehen, das auf der Weser an den Anlagen der Segelvereine 'Segler Vereinigung der Hanseaten' oder des 'Wassersportvereins Woltmershausen' lag, war schon Erholung. Spätestens mit der Aufhebung des Langsamfahrgebotes vor den Anlagen im Strom mußten die Vereine von der Weser verschwinden, für die Woltmershauser hieß das: Abschied

29

Nebel im Hohentorshafen

vom Westerdeich und Umzug in den neuen Hafen in Hasenbüren. Wegen der zunehmenden Kanalisierung der Weser erforderten Wochenendziele immer weitere Anreisen. Der Jollenkreuzer wurde allmählich vom seegehenden Boot abgelöst. Geblieben ist für viele, auch im Kunststoffzeitalter, der Eigenbau. Auch bei den Vereinen oberhalb der Weserbrücken nahm die Zahl der seetüchtigen Segelboote zu. Die benötigten Liegeplätze unterhalb der Brücken fanden sie, wie die Woltmershauser Vereine und der Bremer Yacht Club, in Hasenbüren. Vegesack hat mit dem Grohner Yachthafen ein wichtiges Wassersportzentrum.

Die Vertiefung der Weser, ihre Kanalisierung und zunehmende Fließgeschwindigkeit haben auch die traditionelle Weserjolle, die Jollensegelei überhaupt, von der Unterweser so gut wie ganz vertrieben. Sicher haben da auch die enormen Veränderungen im Bootsbau, die technischen Möglichkeiten u.a. den Trend zu seegehenden Booten und zur Seesegelei verstärkt". „Für Kurzausflüge gibt es dennoch einige schöne Ecken, an denen man ankern kann, z. B. bei Harriersand," ergänzt Gerd Ewert, seit 25 Jahren leidenschaftlicher Segler. „Aber das bedeutet, man braucht ein Beiboot, um an Land zu kommen. Und man muß ein Auge aufs Schiff haben. Man kann es wegen der Strömung nicht alleine lassen. Einer muß immer an Bord bleiben. Für einen schönen Sommerausflug muß man schon raus aus der Weser, z.B. zu den Inseln."

„Die Weser, besonders oberhalb des Wehrs, ist für Feierabendsegler ideal, die nach der Arbeit nach Hause kommen und zu ihrer Jolle direkt vor der Haustür gehen," meint ein anderer Segler. „Ohne die Weser wäre ich gar nicht mehr in Bremen," erläutert der Freizeitsegler und Künstler Jimmi Päsler sein Verhältnis zur Weser. „Für mich persönlich ist es von Bedeutung, daß es möglich ist, direkt aus der Stadt heraus in die Nordsee zu fahren. Das ist wirklich Lebensqualität."

Daß sich manchmal die Verkehrsteilnehmer auf der Weser ebenso rücksichtslos bewegen wie ihre Kollegen auf der Straße, zeigt die folgende Erzählung eines Seglers: „Wir sind mit einem Jollenkreuzer von Hasenbüren die Weser abwärts unterwegs gewesen. Da sahen wir ein großes Schiff in der Höhe von Messerschmidt-Bölkow-Blohm ebenfalls in Richtung Bremerhaven unterwegs. Man konnte schon sehen, wie es eine riesige Welle vor sich herschob. Der Wasserstand der Weser hob sich insgesamt an. Der muß eine extreme Geschwindigkeit gehabt haben, also

mindestens zwölf Knoten. Wir warfen sofort die Maschine an, weil wir nicht wußten, wieviel Sog der hatte. Man konnte am Ufer sehen, wie sich das Wasser ein bis zwei Meter anhob. Da saßen Angler und Spaziergänger auf Bänken. Alle Leute flüchteten mit ihren Campingstühlen und brachten sich in Sicherheit. Das war wirklich herbe."

„Glücklicher wären wir Segler", erzählt Gerd Ewert, „wenn es weniger unsinnige Auflagen gäbe, die uns das Leben schwer machen. Wir dürfen z.B. gar nicht mehr die Weser in ihrer ganzen Breite kreuzen, sondern nur noch bis Mitte Fahrwasser. Es wird immer enger für uns. Warum, das geht nicht in meinen Kopf. Der

Ruderer auf der Weser

31

„Kutterpullen" beim Anleger an der Herrlichkeit

Berufsschiffahrtsverkehr wird immer weniger. Die Freizeit gewinnt an Bedeutung. Aber wir werden immer weiter eingeschränkt. Ich segle jetzt seit 25 Jahren auf der Weser. Ich kann mich nicht erinnern, daß ein Sportboot mit einem Berufsschiff zusammengestoßen ist. Da passen wir doch auf. Wir würden doch in jedem Fall das Nachsehen haben. Jeder, der ein Patent hat, hat Verkehrsregeln gelernt und kann sich auf dem Wasser bewegen. Schwarze Schafe gibt es natürlich überall. Es wäre auch schöner, wenn die Weser wieder natürlicher wäre, weniger Steinböschungen und Spundwände. Wenn man nach der

Arbeit segeln geht, dann bedeutet die Weser bis Bremerhaven meist noch Streß. Erst dann atmet man tief durch, „Jetzt gehts los," und die Freizeit fängt wirklich an."

Aller Kritik zum Trotz bricht in regelmäßigen Abständen auch auf der Weser das Regattafieber aus, z.B. bei der „Weser-Herbst-Regatta" von Farge nach Blexen bei Bremerhaven, der größten und längsten Regatta auf der Weser, oder bei dem „Commerzbank Cup" zwischen Vegesack und Brake. Für Ruderer und Kanuten bieten die Kleine Weser, der Werdersee oder die anderen Flüsse wie die Ochtum gute Möglichkeiten. Nach Auskunft von Werner Born, dem Vorsitzenden des Landes-Kanu-Verbandes Bremen e.V., ist die berühmte Tidenrallye durch die Tidefahrt der Bremischen Kanusportvereine abgelöst worden, die 1995 das zweite Mal mit ca. 60 Teilnehmern stattfand. Die Bremer Tidenrallye war eine der bundesweit größten Veranstaltungen der Wanderpaddler mit mindestens 500 Teilnehmern. Sie wurde 1993 u.a. auch wegen eines sich verändernden ökologischen Bewußtseins das letzte Mal veranstaltet.

„Für die Ruderer ist die Weser aufgrund der Fließgeschwindigkeit, der Wellen und Wirbel nicht mehr wettkampfgeeignet," berichtet Udo Hauser, der Vorsitzende des Landesruderverbandes. „Die Landesmeisterschaft und die Clubregatten der drei im Zentrum liegenden Rudervereine finden auf dem Werdersee statt. Auch für die Freizeitruderer ist die Weser nicht mehr das, was sie einmal war. Bis Vegesack gibt es beispielsweise keinen Anleger für Ruderboote. Früher konnte man bis zur Moorlosenkirche rudern, übernachtete dort, und fuhr am nächsten Tag wieder zurück."

Ein weniger ernsthafter Wettbewerb auf der Weser ist das „Kutterpullen". Es wird von der Hochschule für Nautik veranstaltet. Internationale Teams verschiedener Hochschulen rudern gegeneinander.

Ob Segler, Ruderer oder Kanusportler, die Unterweser fordert , daß sich alle nach ihren Tidezeiten richten.

Schiffsverkehr auf der Weser im Jahre 1773

Werderfans auf dem Weg ins Weserstadion

„Wenn man ein Tidengewässer gewohnt ist und längere Zeit z.B. auf der Ostsee gefahren ist, dann ist man froh, wenn man wieder in einem Tidengewässer ist und nicht so lange schlafen kann wie in der Ostsee," so Gerd Ewert schmunzelnd.

„Wo die Weser einen großen Bogen macht..."

Wo die Weser einen großen Bogen macht,
wo das Weser-Stadion strahlt in neuer Pracht,
wo man trägt die allerschönsten Spiele aus,

da ist Werder Bremen, da sind wir zu Haus.
da ist Werder Bremen, da sind wir zu Haus.   *(1. Strophe)*

Das seit Mitte der siebziger Jahre im Weserstadion vom SV Werder gespielte Lied, geht auf ein im Krieg von Erich Storz komponiertes Flakhelferlied zurück. Der urspüngliche Text lautete: „Wo der Sösestausee einen Bogen macht, steht ein kleiner Flaksoldat für Euch auf Wacht." Erich Storz, der in Osterode am Harz eine Plattenfirma besitzt, hat auch die Urheberrechte auf dieses Lied. „Aus dem Sösestausee," so Erich Storz,

„bezogen die Bremer damals einen Teil ihres Trinkwassers. So gab es einen direkten Bezug zwischen Bremen und dem Harz. Die bremischen Flakhelfer sangen auch von Anfang an das Lied in der veränderten Version mit der 'Weser'." In Bremen ist das Lied zum 'Werder-Lied' geworden.

„Das Weserstadion ist ein städtisches Stadion, wo Werder seine Spiele ausrichtet," teilt Willi Lemke, Manager des SV Werder Bremen, mit. Der Vorläufer des Weserstadions wurde 1909 eingeweiht. Seit 1947 heißt das Stadion Wesertadion. Es faßt mittlerweile etwa 40 000 Plätze. „Das Weser-Stadion liegt – einmalig in Deutschland – direkt am Fluß zwischen Wohngebiet und Erholungslandschaft, nur zwei Kilometer vom Stadtzentrum entfernt," erläutert Willi Lemke. „In der Mittagspause sitzen wir häufig in den Restaurants bei uns im Haus und genießen den tollen Blick auf die Weser. Vor einem Spiel sehen wir von dort oben Zehntausende anströmen. Das sind reine Völkerscharen. Die wählen ja den Weg vom Hauptbahnhof über die Innenstadt und den Osterdeich. Es ist herrlich, wenn man so hinausschaut."

Seit 1981 spielt Werder Bremen wieder in der 1. Fußballbundesliga. Die Mannschaft ist eine der erfolgreichsten in Deutschland und Europa. Sie war dreimal Deutscher Meister, dreimal Deutscher Pokalsieger, dreimal Super-Cup-Gewinner und einmal Europapokalsieger. Werder Bremen ist Tourismusmagnet und Werbeträger in aller Welt, ein gut geführter Verein ohne Skandale. In der 14-jährigen Ära unter dem Trainer Otto Rehagel wurden so bekannte Spieler aufgebaut wie Rudi Völler, Karl-Heinz Riedle, Rune Bratseth, Andreas Herzog und Mario Basler.

„Es soll doch Freude machen, an der Weser entlangzulaufen",

führt Wendelin Seebacher von der Bremischen Gesellschaft für Stadterneuerung, Stadtentwicklung und

Werderfans

35

St. Martini um 1833 – Stahlstich von Messerer

Wohnungsbau aus. „Es muß ein Erlebnis sein, am Fluß entlangzugehen.
Man muß was sehen, kaufen und unternehmen können. Was soll denn
jetzt ein Tourist am Wasser? Es fehlen Schiffe, die dort liegen, und
Markt- und Fischbuden. Wir haben es
versäumt, diesen Fluß gestalterisch in
die Stadt einzubeziehen. Das Wich-
tigste in der Stadt ist, daß der Fluß
erreichbar ist und man ihn auch über-
queren kann. Aber der Erlebnisbe-
reich Fluß ist kontinuierlich weniger
geworden. Es könnten doch Wege
mit Ausblicken, Fähren und Über-
gänge geschaffen, der Tidenhub erlebbar gemacht werden."
Die Themen „Teerhof" und „Schlachte" erhitzen wirklich die Gemüter der
Bremerinnen und Bremer. Die
Schlachte und der Teerhof als zentrale, innenstadtnahe Orte an der
Weser sind ein Zankapfel, wenn es
um Verschönerung oder „Öffnung
der Innenstadt zum Fluß" geht, aber
auch, wenn Kritik an der Stadtpla-
nung geübt wird. „Man kann etwas
dafür tun, die Schlachte mehr ins in-
nerstädtische Leben zu integrieren,"
sagt Hans-Joachim Manske, Direktor
der Städtischen Galerie im Buntentor. „Arbeitsplätze, Freizeit- und
Unterhaltungsmöglichkeiten an der
Schlachte sollten geschaffen, das
Wohnen am Fluß attraktiver werden."
Nach den Vorstellungen des Planungsamtes, die allerdings noch in

der politischen Diskussion sind, soll einiges von dem realisiert werden, was von den Kritikern als Verbesserung vorgeschlagen wird. „Es gibt den Vorschlag, durch die Umgestaltung der Martinistraße mit platzartigen Räumen und breiten Fußgängerwegen, die Obernstraße mit dem Weserufer neu zu verknüpfen," erläutert Detlef Kniemeyer, Leiter des Planungsamtes. „Eine neue Beziehung zwischen Böttcherstraße-Martinistraße und Schlachte soll geschaffen werden, indem die KfZ-Unterführung Balgebrückstraße herausgenommen wird, so daß der Zugang vom Marktplatz über die Böttcherstraße zur Schlachte ebenerdig verläuft. Die Martinikirche wird dadurch auch wieder stärker erlebbar. Durch Herausnahme der Unterführung eröffnen sich nun neue Bebauungsmöglichkeiten beiderseits der Wilhelm-Kaisen-Brücke, sodaß der Stadtkern einen neuen Brückenkopf, ein neues Eingangstor erhält. Vor dem Krieg befanden sich beiderseits der Brücke Pack- und Speichergebäude. Hier kann eine neue Visitenkarte für Bremen entstehen. In die Gesamtplanung Innenstadt gehört auch die Veränderung des Faulenviertels, damit beginnend, daß man eine bessere fußläufige Verbindung von der Obern- zur Faulenstraße schafft. Martini-, Faulenstraße und Brill in ihrer heutigen Ausprägung sind Produkte der Nachkriegszeit, die die historische Stadt

Martinianleger mit Weserflohmarkt

stark zerschneiden. Die historische Verbindung vom Markt in das Stephanieviertel verlief über die Langenstraße, Geeren, und Großenstraße oder Obern-und Hutfilterstraße."

„Daß man die Weser auf eher verschlungenen Pfaden erreicht, finde ich gar nicht so schlecht," meint hingegen Michael Abendroth. „Den Leuten macht es auch Spaß, etwas zu erkunden. Man braucht doch keine breiten Straßen, um zu Fuß an die Weser zu gelangen. Und die Promenade ist schön. Schon im März ist sie wunderbar warm. Dort auf den Steinschüttungen und in der schönen alten Natursteinmauer wachsen z.T. seltene Pflanzen."

Teerhofbrücke

„Man wohnt wunderbar auf dem Teerhof",

meint Thomas Deecke, der Direktor des Neuen Museums Weserburg. „Ich brauche nicht mal mehr ein Fahrrad. Es ist ideal, man ist in drei Minuten in der Stadt. Ein Auto braucht man nicht. Es ist ganz ruhig. Außer dem Rauschen des Wehrs hört man gar nichts. Würde die Verbindung zur Pieperstraße funktionieren, wäre es noch idealer."

Was die gesamte Bebauung des Teerhofs angeht, fällt die Beurteilung weniger erfreulich aus. Fast alle Gesprächspartner kritisieren die Bebauung des Teerhofs. „Das Filetstück der Stadt – und man bebaut es in einer derartigen Langweiligkeit. Es ist ja nicht schlecht, aber es ist langweilig," bemerkt Thomas Deecke. „Wenn man sich vorstellt, man hat eine derart zentrale Anlage, und es kommt so etwas dabei heraus, ohne jeden Biß und Charakter. Eine Architektur, die überall stehen könnte. Das einzig Norddeutsche sind die Backsteine. Das Charakteristische hier am Wasser ist eigentlich die Giebelständigkeit. Das haben die Architekten nicht berücksichtigt. Die jetzige Bebauung ist eine Allerweltssiedlung, die so auch in Wanne-Eickel stehen könnte. Da haben sich die Architekten Bremens und vor allem diejenigen, die

Spiegelungen am Teerhof – Sperrwerk Kleine Weser

die Vorgaben gemacht haben, nicht mit Ruhm bekleckert. Auch das Museum ist von außen eher ein charakterloses Gebäude."
Detlef Kniemeyer erklärt zum Teerhof: „Wir haben uns damals bewußt für das Planen für „Wohnen für Menschen" auf dem Teerhof entschieden. Wohnen ist nun mal etwas ganz Normales. Da kann man nichts Spektakuläres erwarten. Herr Fingerhut, ein international anerkannter Stadtplanungsexperte aus Basel, äußerte sich auf die Frage, wie er denn den Teerhof finde: 'In fünf Jahren werden Sie ihn wahrscheinlich unter Denkmalschutz stellen.'"

„Der Fehler beim Teerhof ist, daß man auf die Spundwand diese hohe Granitwand draufgesetzt und nicht abgestuft hat," entgegnet Wendelin Seebacher. „Fachleute sagen, das sei eine 'Paradontosewand'. Bei Flut sähe man den teuren Schmelz, bei Ebbe diese fauligen Stümpfe aus dem Wasser ragen. Aber die Weser und ihre Ufer sollten auch bei Ebbe schön sein. Abgestufte Ebenen müssen geschaffen werden, die auch mal bei Sturmflut unter Wasser stehen. Man muß beim Gehen etwas sehen können. Diese Granitwand ist ja viel zu hoch, man sieht die Menschen gar nicht, die sich dort bewegen. Das

Der Teerhof – Postkarte aus dem Jahre 1926

Ufer muß umgestaltet werden. Die Strandstraße in Vegesack mit dem schönen Park ist bei jeder besseren Sturmflut unter Wasser. Das stört aber keinen Menschen. Dann kann man eben dort mal nicht gehen. Und der Weg unten am Osterdeich ist auch unter Wasser. Das ist sogar spannend. Als Kinder sind wir mit dem Fahrrad durch das Wasser gefahren, bis wir nasse Hosen hatten."

Kontroverse Ansichten gibt es bei fast allem, was den Teerhof betrifft. „Als Bindeglied zwischen Alt- und Neustadt funktioniert der Teerhof nach meiner Beobachtung gut," sagt Thomas Deecke. „Die Teerhofbrük-ke wird sehr viel benutzt." „Die Teer-hofbebauung ist nun wirklich das Abweisendste, das man sich vorstellen kann. Statt daß ein Bindeglied zwischen Alt- und Neustadt entstanden ist, ist es jetzt ein Riegel geworden," bemerkt hingegen Hans Wilhelm Sotrop, ein Bremer Künstler.

Und die vieldiskutierte und umstrittene Teerhofbrücke hat auch ihre guten Seiten: „Einer meiner Lieblingsplätze an der Weser ," so Hans-Joachim Manske von der Städtischen Galerie im Buntentor, „ist auf der neuen Teerhofbrücke. Von dort hat man einen wunderbaren Blick auf die Stadt mit ihren Kirchtürmen."

Fischerei in der Weser

„Das Bremer 'Pfannenrecht'"

besagt, daß jeder Bremer mit zwei Stockangeln für seinen persönlichen Gebrauch in der Weser angeln darf. Zuvor muß er sich beim Stadtamt die Genehmigung erteilen lassen. Dieses Recht ist einmalig in Deutschland und wird für das ganze Leben ausgesprochen. Daneben gibt es das Recht des Fischeramtes. Dieses im Mittelalter erworbene und durch Kaiser Karl V. im Jahre 1541 bestätigte Recht der Fischerei erlaubte es, die Fischerei auf der Weser – von „der Hoyaer Brücke bis in die salzige See" – auszuüben," erläutert Peter Koch-Bodes, Altmeister und Vorsitzender des Fischeramtes. „Seitdem gibt es das Fischeramt, das die Gilde der Berufsfischer der Weser ist."

Erwähnt wurden die Amtsfischer aber schon 1489 in der sogenannten „Kundigen Rolle", dem Polizeigesetz des Rates. Die Amtsfischer übten ein städtisches Recht aus. Das Haus, in dem sie sich seit Mitte des 18. Jahrhunderts trafen, und das seit 1912 Amtsfischerhaus genannt wird, befand sich ursprünglich in der Großenstraße im Stephanieviertel, in dessen engen Gassen die meisten Fischer

Fischkutter auf der Weser in Höhe Farge

41

wohnten. Das Haus wurde im Zuge des Baus der neuen Fahrbrücke, die vorher Kaiserbrücke genannt und nach dem Krieg als Stephaniebrücke wieder aufgebaut wurde, 1938 abgerissen. Seit 1972 befindet sich die Sandsteinfassade des Hauses vor dem Neubau Schnoor Nr. 31/35 .

Früher fischten die Amtsfischer für den Verkauf auf dem Markt und für den Rat der Stadt. Heute sind sie mehr mit der Betreuung der Weser beschäftigt. Sie unternehmen Versuche, den Lachs wieder heimisch zu machen, achten darauf, daß die Weser nicht überfischt wird und geben z.B. die Erlaubnisscheine für die Stintfischer aus. „Noch Ende des 19. Jahrhunderts gab es 25 Amtsfischer," führt Peter Koch-Bodes aus. „Heute sind wir nur noch zwölf. Um in die Gilde der Amtsfischer aufgenommen zu werden, muß ein Antrag an das Fischeramt gestellt werden."

Die Weser als Fischlieferantin spielte in der Geschichte Bremens eine große Rolle. Im Jahr 787, noch vor der Gründung des Bistums, wird Bremen urkundlich als Fischerdorf erwähnt. Zwischen 1400 und 1750 entwickelte sich die gewerbliche Fischerei. Das Bremer Hoheitsgebiet – und damit das Fischereirecht – erstreckte sich von Hoya bis zur Außenweser, einschließlich der Nebenflüsse Ochtum, Lesum, Hunte. Das Fischereige-

werbe erreichte in der zweiten Hälfte des 17. Jahrhunderts seinen Höhepunkt. Zwischen 1750 und 1880 führten zunehmende Spezialisierung und Mißachtung von Schonzeitbestimmungen zum Bestands- und Ertragsrückgang. „Die Weserlachse, die jetzt so selten und theuer sind," schreibt Adam Storck 1822 in seinem Buch „Ansichten der Freien Hansestadt Bremen": „waren vormals in großer Menge, so daß eine Verordnung vom Rath soll erlassen worden seyn, welche den Herrschaften vorschreibt, wie oft nur in der Woche sie ihrem Gesinde Lachs zu essen geben dürfen, weil wahrscheinlich dieses sich über Zuviel beschwert hatte." (vgl. Gutmann, 1993)

Im Vergleich zu heute gab es vor der Jahrhundertwende jedoch noch eine Vielfalt von Fischarten mit großen Populationen, z.B. Weser-Schnäpel, Nordseeschnäpel, Quappe, Fluß- und Kaulbarsch, Zander, Neunaugen, Stint, Butt und Maifisch, auch noch Lachs und Stör. Bis etwa 1930 waren die Weserkorrektion und die zunehmende Industrialisierung für das fast völlige Verschwinden mancher Arten verantwortlich. Die Berufsfischer spezialisierten sich zunehmend auf den Fang von massenhaft vorkommenden Wanderfischen, wie dem Stint und dem Maifisch. Mit dem starken industriellen Wachstum, der damit verbundenen zunehmenden Verschmutzung ab den fünfziger Jahren und dem weiteren Ausbau der Weser kam es zu einem noch stärkeren Rückgang der Fischbestände. Durch die Reduzierung der Direkteinleitungen, u.a. eine Folge der Schließung von Kalibergwerken in Thüringen und Hessen, und dem Ausbau der Kläranlagen, ist die Wassergüte hinsichtlich der Schwermetalle, chlorierten Wasserstoffe und der Salzbelastung in den letzten zwanzig Jahren langsam besser geworden. Die Fischbestände erholen sich. Fischer, die hauptberuflich von der Fischerei auf der Weser leben, gibt es allerdings nicht mehr. „Heute arbeiten noch etwa 100 Nebenerwerbsfischer auf der Weser zwischen der Werderseebrücke und dem Kilometer 27 in Farge," erläutert Peter Koch-Bodes. „Sie betreiben vor allem Aal- und Stintfang mit Reusen und Körben. Wo diese aufgestellt werden, bestimmt das Fischeramt. Vom Vegesacker Hafen abwärts gibt es noch einige Kutterfischer im Nebenerwerb. Hier in der Stadt ist das nicht mehr möglich. Der Schiffahrtsweg muß von Ufer zu Ufer freibleiben." Die Kutter-, bzw. Logger-Fischerei hatte in Vegesack eine lange Tradition. Von 1895 bis in die fünfziger Jah-

Am Lankenauer Höft

Angler an der Kleinen Weser

re dieses Jahrhunderts gab es in Bremen-Vegesack eine bedeutende Loggerflotte, die vor allem Heringsfang in der Nordsee, später auch in der Irischen See betrieb. Zunehmende Konkurrenz, die Überfischung der Nordsee und ein verändertes Verbraucherverhalten trugen zum Niedergang der Vegesacker Heringsfischerei bei. Mit dem Verkauf der letzten Heringslogger 1969 wurde die Fischerei der Vegesacker Flotte endgültig eingestellt. Für Kinder, die an der Weser aufwachsen sind, gehörte das Fischen und Angeln zum Alltag. An eine traditionelle Weise des Aalfangs, das

„Puddern" der Aale, erinnert sich Helga Schnier, die ihre Kindheit an der Weser verbracht hat: „Nachts haben wir als Kinder mit unserem Nachbarn, einem Fischer, Aale gepuddert. Man hatte einen Bleikörper mit einer Öse. An ihr befestigte man eine drei bis vier Meter lange Schnur, auf die Regenwürmer aufgezogen wurden. Nachts hielt man den gesamten Bleikörper ins Wasser. Die Aale bissen dann an. Man hob den Bleikörper mit den Aalen hoch und hielt ihn über einen Behälter mit Wasser, der sich an Bord befand. Die Aale ließen dann los. So fing man die Aale auf eine schonende Art und Weise, den Regenwürmern ging es nicht so gut."

Angler, die ihr „Pfannenrecht" in Anspruch nehmen, sieht man auch heute noch an mehr oder meistens weniger idyllischen Plätzen entlang der Weser ihrem Hobby nachgehen. Für Außenstehende manchmal unverständlich, daß sie sich ausgerechnet Standorte in Hafennähe aussuchen. Das liege daran, so ein Angler, daß es dort an manchen Orten sehr viele Fische gäbe. Die Qualität der Fische, sagen Angler, sei in den letzten Jahren wesentlich besser geworden. „Das sieht man an der Farbe der Kiemen. Sie müssen ganz hell sein," meint einer von ihnen. „Vor einigen Jahren waren die noch so komisch verfärbt."

„Um den Fisch drehte sich unser ganzes Leben"

„Meine Eltern hatten das Marktgeschäft, die Barkasse am Martinianleger und die Räucherei in Woltmershausen," erzählt Jan-Jörg Flechtmann, ein Urenkel der berühmten Fisch-Luzie, die von 1850 bis 1921 in der Neustadt gelebt hat. „Sie fuhren zwei-bis dreimal wöchentlich um fünf Uhr morgens nach Bremerhaven, um Fisch einzukaufen. Und ich als Kind immer mit. Nachmittags wurden die Gaststätten beliefert. Donnerstag und Freitag war Barkassenverkauf an der Weser und Samstag der Markt. Über drei Generationen, von meiner Uroma, Luzie Flechtmann, bis zu meinem Vater, der sein Geschäft bis 1989 auf dem Domshof hatte, ist der Fischhandel weitergeführt worden." „Bei Vater Flechtmann, Jonny genannt, traf man sich auf dem Markt," ergänzt Hildegard Kempista, eine Urenkelin von Luzie. „Geschäft war das am Schluß nicht mehr. Jonny stand dort nur noch wegen der Kommunikation. Zu ihm kamen Kaufleute und Politiker, Koschnick z.B., kauften ein und schnackten. Man diskutierte über Politik und alles mögliche."

Luzie Flechtmann war trotz ihrer siebzehn Kinder eine erfolgreiche, selbständige Fischhändlerin. Sie war besonders geschäftstüchtig und geschickt. Sie fuhr mit ihrem eigenen Boot den Fischern in Richtung Bremerhaven auf der Weser entgegen,

„Fisch-Luzie" auf dem Marktplatz, 1912

Barkassenverkauf, um 1950

um ihnen den Fisch als Erste abzukaufen. So war sie auch die Erste, die den Kunden den frischen Fisch auf dem Markt, der damals noch am Roland stattfand, anbieten konnte. Für die Feinschmecker hatte sie Lachse und Störe, für die „Bürgers" hatte sie Butt-, Koch- und Pannfische. Und für die weniger Betuchten Stint, Maifisch und Neunaugen. Ihre Aale waren berühmt.

Luzie Flechtmann war bekannt für ihre vielen „Schnacks" und ihre eigenwillige und selbstbewußte Art. „Wenn sie z.B. zum Bürgermeister wollte," erzählt Hildegard Kempista, „dann wischte sie sich die Hände an der Schürze ab, ging in sein Büro: „Ich will nach'm Bürgermeister." Und wenn die Sekretärin antwortete: „Haben Sie sich angemeldet?" sagte Luzie nur empört: „Angemeldet?" Und dann ging sie hocherhobenen Hauptes rein: 'Guten Tag Herr Bürgermeister!'...."

„Mein Großvater war auch Fischhändler damals in Gröpelingen," erinnert sich Hildegard Kempista. „Als er das erste Mal Goldbarschfilet anbot, wollte den kein Mensch haben. Früher kauften die Leute ganze Fische mit Kopf, keine Filets wie heute. Die Kunden wollten an den Augen sehen, ob sie frisch sind. Was meinen Sie, was wir in Kriegszeiten verkauft haben: Brassen, Stinte, Maifische, Weserbutte. Die sind alle aus der Mode gekommen. Die hatten sehr viele Gräten. Neunaugen haben wir den Fischern am Wehr abgekauft. Es gab ja richtige Neunaugenfischer, die nur davon gelebt haben. Der Fluß war wirklich der Lebensnerv von Bremen."

„Sick frein as so'n Stint"

„Ungeheure Mengen von Stinten sind durch größere, sie verfolgende Raubfische weseraufwärts getrieben worden. Sie stauten sich zwischen der Wasserkunst und dem Sielwall zu solchen dichtschichtigen Mengen zusammen, daß die Fährboote gestern nur langsam weiterkommen konnten. Man kann die Stinte vom Ufer aus mit Eimern aus dem Wasser schaufeln. Es ist nicht ausgeschlossen, daß Stinte in die Wasserleitung gelangen. Doch hat dieses weiter nichts zu sa-

gen, da die Direktion der Wasserkunst bereits für größere Druckkraft gesorgt hat, sodaß die Stinte eventuell schnell die Wasserrohre passieren." Diese Zeitungsnotiz in den Bremer Nachrichten, am 1. April 1905 erschienen und sicherlich als Aprilscherz gedacht, versinnbildlicht aber dennoch die Stintmassen, die in die Weser aufstiegen.

„Stinte waren neben braunem Kohl mit Speck und Pinkel und Schellfisch das Nationalgericht der alten Hansestadt und wohl das älteste, das ihre Gründer schon genährt hat, „schrieb Anton Kippenberg 1946.

Der Stint gehört zur Familie der Salmoniden, also der Lachsfische. Von März bis Mai stiegen die Stinte zum Laichen in die Weser auf und wurden dann mit Netzen und Reusen gefangen. Durch sein massenhaftes Auftreten in der Weser galt der Stint als ausgesprochene Volksnahrung. Heute kommt er, wenn auch nicht mehr in solchen Mengen, immer noch

Stint

47

Straßenschild

von März bis Mai zum Laichen in die Weser. Er wird auch am Weserwehr gefangen und in dem einen oder anderen Fischfachgeschäft angeboten.

„Diese kleinen Stinte haben ein besonders zartes Fleisch und müssen in Roggenmehl gewälzt, gesalzen und gepfeffert und dann in Butter ganz kross gebraten werden," erläutert Hans Wilhelm Sotrop, Hobbykoch und Bremer Künstler, sein Stintrezept. „Stinte ißt jeder, soviel er will. Dazu ißt man Kartoffelsalat und trinkt entweder ein ordentliches Bier oder einen herben Weißwein. Er ist durchaus ein Fisch, der auch einen Gourmet interessiert. Wir machen jedes Jahr unser traditionelles Stintessen."

Die Popularität des Stintes ist wahrscheinlich auch der Grund dafür, daß sein Name in niederdeutschen Redewendungen vorkommt, wie „Sick frein as son Stint" oder „He riskert sien Leben as'n Stint". Als „Stintflaag" wird ein „kurzes Unwetter, das die Stinte unruhig macht" bezeichnet

– oder – einer anderen Quelle zufolge: „die Stinte bei solcher Witterung am leichtesten zu hellen Scharen im Strom zu fangen sind."

In der Bremer Innenstadt gibt es eine Straße namens Stintbrücke. Im Hohen Mittelalter bestand die Weser aus verschiedenen Armen (Balgen) und Flußinseln (Werdern). Zu dieser Zeit befand sich an der Stelle zwischen dem Marktplatz und dem Martiniwerder eine Brücke über den Hauptstrom der Olden Weser (Kleine Weser), an der die Stinte gefangen wurden. Eine andere Quelle gibt an, daß an der Stintbrücke die Boote mit den Stinten anlandeten.

Die seit 1987 bestehende Bremer Literaturzeitschrift „Stint" gab sich ebenfalls den Namen dieses kleinen Raubfisches. Er wurde gewählt, weil man Autoren aus der Bremer Region fördern wollte, und eben gerade der Stint typisch für Bremen ist, er darüberhinaus wohl mundet und ein wichtiger Nahrungslieferant war. Zudem hat das englische Wort „stint" eine vielfältige Bedeutung, z.B. „seine Arbeit leisten" oder „seinen Teil beitragen". In dieser Bedeutungsvielfalt lag der Grund, der Zeitschrift diesen Namen zu geben. Auch die Herausgeber des „Stint" machen jedes Jahr ihr Stintessen.

Hafen und Hafen-
leben im Wandel

*„Bremen ist ein Hafen –
Bremen hat einen Hafen."*

„Fünfzig Schiffe mit etwa 5000 bis 7000 Tonnen hatten wir manchmal in der Außenweser, die auf einen Liegeplatz warteten", erzählt Hans-Joachim Abendroth, ein ehemaliger Mitarbeiter der Bremer Lagerhaus-Gesellschaft (BLG). „Die lagen eine ganze Woche im Hafen, häufig im 'Päckchen', d.h. zu mehreren nebeneinander. Die Schuppen arbeiteten Tag und Nacht, gelöscht wurde in sechs Gängen jeweils 100 bis 150 Tonnen." Viele Menschen waren notwendig, um in verschiedenen Etappen die anfallenden Arbeiten zu bewältigen. Genügend gab es sowohl für qualifizierte Arbeiter, als auch für ungelernte, 'die ständig unständig Beschäftigten', zu tun." Es existierten Berufe im Hafen, die heute den meisten nicht mehr bekannt sind. Oder wissen Sie, was ein „Wahrschaumann" ist? Oder ein Küper oder „Tallyman"? (siehe Einführung in die Hafensprache, S. 58 f.)

„Zentral war das Be- und Entladen der Schiffe. An den Hafenbecken standen rechts und links Schuppen,

Im Holz- und Fabrikenhafen

49

Der Überseehafen, um 1960

Heringslogger in Vegesack, um 1958

50

die numeriert waren, rechts die ungeraden, links die geraden Nummern. Sie wurden von sogenannten Schuppenvorstehern geleitet," so berichtet Hans-Joachim Abendroth, der einmal selber Schuppenvorsteher gewesen ist. „Für uns junge Burschen war das Nahziel, Schuppenvorsteher zu werden. Jeder Schuppen verwaltete sich selber und hatte auch eine kaufmännische Abteilung, in der sogenannte Budenschreiber arbeiteten. Ein solcher Schuppen hatte etwa 20.000 m² Fläche und seine festen Linienverkehre. Wir mußten erst als Arbeiter, dann als Vorarbeiter zwei Jahre arbeiten, bevor wir Schuppenvorsteheranwärter wurden. Pro Schuppen und Schicht arbeiteten 150 bis 200 Leute. Es gab Karren und Sackwagen, noch keine Gabelstapler. Die Arbeit war körperlich wesentlich anstrengender als heute, aber insgesamt war es nicht so hektisch. Aber Tonnageakkord haben die damals trotzdem gemacht. Der Schuppenvorsteher, der später Betriebsleiter genannt wurde, hatte auch den Einhalt der Sicherheitsvorschriften zu überprüfen. Die Führungskräfte wurden alle geschult."

„Die gesamte Atmosphäre im Hafen war anders," erzählt Egon Wöltjen, ebenfalls ein ehemaliger Mitarbeiter der BLG. „Der Zusammenhalt war damals besser als heute. Wenn wir Eierdampfer hatten, wurde immer böse gebruzzelt. Einer wurde dann abgestellt zum Kochen. Die Kameradschaft war groß. Heute geht jeder seinen Weg." Ein ausgeprägtes Zugehörigkeitsgefühl gab es zu bestimmten Werften, Reedereien oder auch Berufsgruppen. „Wenn jemand früher fragte," erklärt ein ehemaliger Seemann von der Norddeutschen Lloyd, „Wo fährst du denn?", und wenn der andere antwortete: „Ich fahr bei Hapag", antwortete man selber: „Und ich bei uns". So identifiziert waren die bremischen Seeleute mit dem Norddeutschen Lloyd.

Sogenannte „stille Abkommen" erleichterten das Überleben und geben

Transport mit der Sackkarre, 1946

Im Baumwollschuppen des Holz- und Fabrikhafens in der Memelerstraße

Aufschluß über das Verhältnis zwischen den verschiedenen Berufsgruppen. Man arbeitete sich gegenseitig in die Hände: „1957 bin ich auf einem ganz kleinen Kümo (Küstenmotorschiff) bei Brake gefahren," berichtet Dieter Großmann, Mitarbeiter der Wasserschutzpolizei, „das war ein umgebauter Heringslogger, der 'Wilhelm Büring' hieß. Wir fuhren damals auf der alten Gurke von Brake Koks, große Brocken, 'Blumenkohl' hieß der bei uns. Die Reling wurde erhöht mit einem Gitter und der ganze Koks an Deck gehauen. Das Schiff hatte soviel Koks an Bord, daß das Wasser schon an Deck stand. Jede

Woche war das. Und wir mußten in der Außenweser den ganzen Koks wieder von Bord schaufeln. Das lief unter „Seeschaden", was soviel bedeutete wie 'bei schlechtem Wetter über Bord gegangen'. Die Krabbenfischer holten den Koks zum Granatkochen, auf der Rückreise kriegten wir von den Krabbenfischern den Granat. Das war unser 'stilles Abkommen'."

Die verschiedenen Berufsgruppen im Hafen hatten jeweils ihre eigene Sprache. Der Unfallbericht eines Stauers soll dies verdeutlichen: „Zur Zeit des Unfallgeschehens hielt ich mich gerade auf dem Rattenboden auf. Ich war damit beschäftigt, mir mit dem Kuhfuß einen Hasen zu bauen. In dem Moment kamen die Wilden da oben mit einem Gang Speckaale in die Luke gefegt. Da die Speckaale unterm Luk gelandet wurden, mußten wir sie gut einen Meter nach Vegesack reißen. Der Vize schrie: ,Hol steif das Pferd!' Ja, und bei der blöden Reißerei bin ich mit dem linken Fuß unter die Speckaale geraten." Erklärung für Hafenunkundige: der Rattenboden ist eine Erhöhung im Unterraum; der Kuhfuß ein Brecheisen; der Hase gebündeltes „Abfall"-Holz; Speckaale sind stark eingeölte, gebündelte Rohre, nach Vegesack reißen hieß im Laderaum Richtung Hafenausfahrt. (Aus: Dünnbier, 1982).

Schuppen im Holz- und Fabrikenhafen

Im Holz- undFabrikenhafen

Selbst die Katzen hatten im Hafenleben ihren festen Platz. Das Halten von Katzen wurde nämlich wegen der vielen Mäuse und Ratten von der BLG gefördert. Sie bezahlte für jeden Schuppen Katzengeld zum Füttern der Katzen. „In Schuppen achtzehn war das," erinnert sich Hans-Joachim Abendroth schmunzelnd. „Die Katzen hatten es gut im Hafen. Die Schuppen hatten Holzfußböden, die Katzen schliefen auf den Ballen. Es gab riesige Kater, die sind hinter den Karnickeln hergewesen. Wir hatten einen, den nannten wir den 'Seitenleiter' (normalerweise hieß der Vorgesetzte so). Der hat die ganze Pier

Kontrolle im Überssehafen durch deutsche Polizei in der Nachkriegszeit

beherrscht. Jede Katze war seine. Der brachte jeden morgen eine Ratte an. Als wir Betonböden in den Schuppen kriegten, die Automatisierung zunahm und die Ladungsstruktur sich änderte, war das vorbei."

Die Arbeit und das Leben in den Häfen hat sich im Laufe der Zeit erheblich gewandelt. Bestand bis in die sechziger Jahre hinein die Arbeit aus personalintensiver Handarbeit, wird sie heute, entsprechend der Entwicklung in anderen Branchen, vorwiegend von Maschinen und Computern durchgeführt – Stichwort: Rationalisierung. Gerade in den Neustädter Häfen mit ihren Containerterminals geht das Entladen der Schiffe, das früher mehrere Tage dauerte, innerhalb weniger Stunden vonstatten. Die Besatzungen der Schiffe gehen denn heute auch meistens gar nicht mehr an Land.

Bis in die fünfziger Jahre hinein sagte man „Bremen ist ein Hafen", heute spricht man davon, daß „Bremen einen Hafen hat." Diese Redewendung deutet auf den Wandel hin, den die Stadt in den letzten vierzig Jahren erfahren hat. Bis zum Zweiten Weltkrieg waren Hafen und Altstadt über das Stephanieviertel miteinander verbunden. Durch den Bau der Oldenburger Straße liegen heute die Altstadt und der Hafen getrennt voneinander. „Außerdem ist der ganze Ha-

Hafenarchitektur

fenbereich in Walle richtig abgegrenzt. Man muß durch diese mittlerweile unheimlichen, weil unbelebten Tunnels gehen, um in den Hafen zu gelangen," erläutert Hartmut Emig. „Es ist abweisend und kompliziert. Eine wirkliche Öffnung muß man erst noch anstreben. Richtung Gröpelingen ist das ja kaum anders. Die sehenswerten Schuppen findest du ja gar nicht."
Nach dem Krieg wurden besonders viele Lebensmittel gelöscht, vor allem aus Amerika, und es gab Schuppenladungen voller Carepakete. „Die Hafenarbeiter haben genau gewußt, wo und in welchen Paketen Zigaretten und Schokolade lagen," verrät Egon Wöltjen von der BLG. „Da wurde das Fenster reingeschnitten. Dann mußte man damit noch durch den Zoll. Das Klauen war natürlich total verboten. Aber die Zigarettenwährung war ja für den privaten Wiederaufbau wirklich unerläßlich. Es gab ein richtiges System des Schmuggelns. Abfallholz wurde zu handlichen Brennholzbündeln zusammengepackt, die man „Hasen" nannte und die man auf den Gepäckträger des Fahrrads mit nach Hause nahm. Darin befanden sich meist Zigaretten oder andere brauchbare Gegenstände. Als 1946/47 der erste Kaffee kam,

haben die Leute den Rahmen ihres Fahrrads mit Kaffee aufgefüllt. Eine beliebte Methode zu schmuggeln war mit dem Zampelbüdel, einem Beutel, den man in diesem Fall unter der Kleidung am Körper trug, und alles mögliche hinausschmuggelte. Sonntags bei Extraschichten kamen die Ehefrauen mit ihren Kindern im Kinderwagen, um ihren Männern das Essen zu bringen. Und als sie wieder den Hafen verließen, saßen die Kinder ein ganzes Stück höher." An jedem Hafentor standen zwar Zöllner, im Hafenjargon „Zollmöpse" genannt, und ein amerikanischer Po-

sten, die tasteten ab. Aber die Not ließ die Menschen dieses Risiko eingehen. „Ein Kollege vom Hafenbauamt," bemerkt Karl Ritsch, ehemaliger Mitarbeiter im Hafenamt, „hatte im Gebäude des Hafenbauamtes seine Wohnung. Die Zollgrenze ging direkt quer durch das Gebäude des Hafenamtes. Und der konnte über den Boden aus dem Hafen raus. Der hat vor allem Kaffee besorgt und ihn über die Grenze 'aus 'm Hafen' rausgebracht." Nach der Währungsreform änderten sich die Verhältnisse schlagartig, und es war nicht mehr nötig, zu schmuggeln.

Teerhof und Schlachte, Bremens Hafenplatz vom Mittelalter bis zur Weser-Korrektion. Kupferstich von Matthäus Merian (Ausschnitt, um 1650)

Bremer Schlüssel am Zollamt im Holzhafen

Zum Hafenleben gehörte natürlich auch „das Milieu". Die letzten Kneipen schlossen Anfang der siebziger Jahre. „Man kam gerade durch den Tunnel vom Hafen zum Waller Ring, da gab es die sogenannte 'Küste' mit diversen Kneipen: Golden City, Elefant, Mutti Weiß und wie sie alle hießen. Abends war da immer was los. Die Matrosen hatten viel mehr Zeit, gingen in Kneipen, kauften ein, gingen zum Seemannsausrüster," erzählt Helmut Risse, ebenfalls ehemaliger Mitarbeiter des Hafenamtes. „Dort war ein ganz ansehnlicher Puff," erinnert sich Hartmut Emig, der am Waller Ring großgeworden ist. „Die Seeleute kamen aus dem Tunnel raus und konnten gleich loslegen. Die Damen aus dem Rotlichtmilieu am Ende des Waller Rings kannten wir auch. Die waren für uns nichts besonderes. In den Hafen kamen wir Kinder nicht. Das war ja Zollgebiet."

57

Tauwerk auf der „Nordstern"

Kleine Einführung
in die Hafensprache

(Ernst B. R. Dünnbier: Von Bremer
Jantjes, Fastmokers und Poppedeideis, Bremen 1982).

Anbiet als kurze Essenspause (zum
„Anbeißen" und nicht als Angebot
im Sinne von „Anbieten"): Wenn
die Zeit langt, geht man dazu in die
„Anbiethalle", wo es auch Geträn-
ke und einen kleinen Imbiß zu kaufen gibt.

Back hat eine mehrfache Bedeutung:
der vorderste Aufbau auf dem
Oberdeck, die Speisenschüssel an
Bord, der Eßtisch im Speiseraum.

Bambuse war ursprünglich der ungelernte Seemann; gilt aber auch für
einen, der sich geschickt da-
vonhilft, weil er alles (aber doch
nicht so ganz richtig) kann.

Blaubüdel kommt von der blauen
Arbeitsbluse des Zimmermannes
und Schiffszimmermannes, der im
Hafen auch *Holtbuck* oder *Holt-
wurm* genannt wird.

Fastmokers bilden einen eigenstän-
digen Hafenberuf, der für das „An-
binden" der Schiffe, d.h. das Befestigen der Festmacheleinen zuständig ist. Liefert mietweise auch be-
wegliche Gangways.

Fuulbrass heißt die an der Reeling
aufgehängte Mülltonne bzw. der
Abfallsack, denn der Schiffsunrat
darf nicht ins Hafenbecken gewor-
fen werden.

Garnierte Runde ist „de lüttje Lage", ein kleines Bier und ein großer Schnaps.

Giraffe wird wegen seiner Hochbeinigkeit der Portalhubwagen zum Bewegen von Containern genannt.

Hafenlatein gibt es überhaupt nicht. Im Hafen wird klar Deutsch gesprochen, missingsch gequaddelt oder man schnackt platt. Und „lögenhaft Vertellen" gibt es auch nicht. Döntjes werden von Seeleuten „verzählt", und „Schauermärchen" haben nichts mit den Schauerleuten des Hafens zu tun.

Hasen laufen im Hafen keinesfalls wild herum. Ein von der Schicht mitgenommener „Hase" ist dagegen kleingeschlagenes und gebündeltes Abfallholz, das früher gern für den häuslichen Herd gesammelt wurde. In den schlechten Zeiten gleich nach dem Krieg verbarg sich darin häufig manch wertvolles Mitbringsel.

Katzenköppe nennt man die mit Bandeisen verschnürten Wollballen.

Kümo als Typenbezeichnung für ein Küstenmotorschiff ist im Inland als Abkürzung bekannt. Im Hafen lautet die Mehrzahl jedoch „Kümosen".

Küper ist die Berufsbezeichnung der Facharbeiter für Behandlung von Tabak, Wolle, Baumwolle bzw. Wein und Spirituosen.

Lukenrand als „Süll" ist die etwa 1 m bis mannshohe Umrandung der Lukenöffnung. Am Lukensüll steht der Decksmann (Wahrschaumann) zum Einwinken der Hiev. „Er winkt mit dem Paddel", weil er zur Verdeutlichung der Richtung ein Holzstück oder eine zusammengefaltete Zeitung in der Hand hat. Früher, bei den offenen Kranführergondeln, wurde noch nach oben hinaufgebölkt (gerufen), welche Richtung gemeint war: „nach Vegesack zu", somit also stromabwärts, oder „nach Bremen zu", also stromaufwärts bzw. „nach Walle zu" oder „nach Pusdorf zu".

Tallymann ist ein Gütermesser bzw. Ladungskontrolleur, der die Ladung kontrolliert, mißt und auf Zustand und Vollzähligkeit kontrolliert

Wahrschaumann steht als Verbindungsmann zwischen den Arbeitern in der Luke und dem Kranführer an Deck und winkt die Kranhieve ein.

Zampelbüdel kommt ursprünglich von „sample bag", dem Musterbeutel beim Ziehen von Warenmustern; darin hat sich manchmal einiges an begehrtem Mitbringsel verborgen. So heißt „zampeln" auch soviel wie „besorgen/organisieren". Und der Begriff „Zampel" steht heutzutage für jegliche Art von Umhängetasche des Hafenarbeiters.

Zollmops ist der Grenzer, d.h. der am Hafentor stehende Zollbeamte bzw. der Zollbeamte allgemein.

Die Schlachte – Steindruck von P. Hüser, 1862

Zur Geschichte der Bremer Häfen

Aufgrund ihrer geographischen Lage am Fluß – die Stadt Bremen ist in der letzten Furt der Weser etwa sechzig Kilometer vor der Mündung in die Nordsee im 8. Jahrhundert gegründet worden – ist sie bis heute eng mit Handel und Seefahrt verbunden. Sie ist der südlichste Seehafen Deutschlands.

Chronologie:

1358   tritt Bremen der Hanse bei.

1580   Bis ca. 1580 lag der Hafen an der Balge direkt in der Stadt. Um 1580 entstand in seinen Grundzügen der bremische Uferhafen an Schlachte und Stephaniufer, der bis ins 19. Jahrhundert hinein als Hafen genutzt wurde. Packhäuser und Speicher säumten das Ufer.

Die zunehmende Versandung der Weser, durch die Abholzungen der Mittelgebirge bedingt, führte zur Gründung des Vegesacker Hafens als Ausweichhafen für Bremen, der

1622   fertiggestellt war. Er gilt als der erste künstlich angelegte Hafen Deutschlands.

1827   wurde Bremerhaven am Nordufer der Geestemündung gegründet.

1838   wurde die Balge, der älteste bremische Hafen, in einen gemauerten überwölbten Kanal verwandelt und in das unterirdische Kanalnetz einbezogen.

1860   wurde mit dem Weserbahnhof, der am Ende der Schlachte außerhalb des Stephanietors, d. h. vor den Toren der Altstadt erbaut worden war, eine direkte Verbindung von Schiff und Eisenbahn geschaffen.

1872 hatte man den Hohentorshafen als „Woltmershauser Kanal" eingeweiht. In den achtziger Jahren des letzten Jahrhunderts begann mit der Weserkorrektion und dem Bau der neuen Häfen die Industrialisierung Bremens.

1888 war der Freihafen 1, der spätere Europahafen, gerade rechtzeitig zum Zollanschluß Bremens ans Deutsche Reich betriebsbereit.

1895 war die von Ludwig Franzius 1885 begonnene Weserkorrektion beendet, der Bau des Holz- und Fabrikenhafens folgte.

1903 wurde der Weserhafen Hemelingen als tidefreier Binnenschiffshafen erbaut,

1906 war der Freihafen 2, der heutige Überseehafen, fertig. Die tideunabhängigen Industriehäfen liegen hinter der

1910 erbauten Schleuse Oslebshausen.

1914-1918 Erster Weltkrieg

1939-1945 Zweiter Weltkrieg; 85 % der Hafenanlagen wurden zerstört.

1968 gingen die Neustädter Häfen als Containerumschlaghafen in Betrieb. Es folgten Roll-on/Roll off (kurz Ro/Ro Anlagen). Die Häfen entwickelten sich von Güterumschlagplätzen zu Sammelzentren, in denen die Kunden ihre Ware zwischenlagern und nach Bedarf abrufen. Heute sind sie zunehmend auch Distributionszentren. Da die Anforderungen an das Personal stiegen, gründete man

1975 die Hafenfachschule am Überseehafen.

1985 nahm man das Güterverteilungszentrum (GVZ) im Niedervieland in der Nähe der Neustädter Häfen in Betrieb. Es gilt als Vorbild in Deutschland.

1992 beginnt man, aufgrund der wirtschaftlichen Veränderungen der wassergebundenen Industrie sowie der Änderungen im Transportwesen, an einem neuen Nutzungs- und Hafenstrukturkonzept zur Umstrukturierung der stadtbremischen Häfen rechts der Weser und des Hohentorshafens zu arbeiten. Angestrebt werden Mischstrukturen, die die Lebensbereiche Wohnen, Freizeit und Erholung mit den Bedürfnissen der Gewerbe- und Hafenwirtschaft verbinden. Der Vegesacker- und der Rönnebecker Hafen sind heute Sportboothäfen.

Bremen steht zunehmend im Wettbewerb mit den anderen zentraleuropäischen Häfen Antwerpen, Rotterdam und Hamburg. Auf dem Hintergrund der Öffnung der ehemaligen Ostblockländer und der GUS-Staaten entstehen neue Märkte, um die die Städte konkurrieren.

Ursprünglich ist Bremen an den Vereinigten Staaten orientiert gewesen und Hamburg nach Südostasien.

Fähre in Vegesack und Schulschiff „Deutschland"

Alma Rogge

Bremen vor meinem Fenster

Es ist etwas anderes, ob man in einem Talkessel wohnt oder an den bayerischen Seen, wo die Berge ringsum und die ferne Kette der Alpen den Blick begrenzen. Wir hier am hohen Weserufer leben mit der Weite, wir leben durch die Überseedampfer mit der ganzen Welt! An die hundert Schiffe befahren täglich den Strom, dazu noch ist er ständig bewegt von Ebbe und Flut. Der Tidenhub beträgt im Durchschnitt drei Meter, bei nordwestlichem Wind und hohen Fluten weit mehr. Und nach

Ebbe und Flut richten sich immer noch die Schiffe. Hier zu wohnen ist eine immerwährende Freude, ein Geschenk des Himmels. [...]
Bremen bringt sich mir täglich, ja stündlich in Erinnerung, ist immer gegenwärtig, denn ohne Bremen wäre die Weser nicht der lebendige, der vielbefahrene Seeweg zum Meer. Unten am Ufer entlang ist nur ein schmaler Strandweg, die Weser ist hier nur etwa dreihundert Meter breit, so fahren die Schiffe ganz nahe an meinem Haus vorbei, man kann winken und rufen.
Vorbei fahren tagein tagaus Fischkutter, Schlepper, Lastkähne, Motorboote, Marineeinheiten, im Sommer un-

gezählte Segelschiffe, es fahren vorbei die großen Überseedampfer aus der ganzen Welt: Deutsche, Engländer, Franzosen, Niederländer, Norweger und Schweden, Russen und Türken, Nord- und Südamerikaner, Japaner und Chinesen, Afrikaner und Australier – man kann sie nicht alle nennen. Man kennt bald ihre Flaggen – eine Flaggenkarte hängt zu schnellem Vergleich an der Wand, ein Fernglas daneben. Man merkt sich die Zeichen, Farben und Schornsteine der verschiedenen Reedereien: des Bremer Lloyd, der Hamburger Hapag, die drei goldenen Kronen der schmucken weißen schwedischen Schiffe, die wie mit einer roten Mütze bedeckten Schornsteine der neuen, nach Südamerika fahrenden Dampfer. Drängen die großen Schiffe gegen Strömung und Wind an, rauschen besonders hohe Bugwellen die Uferböschung entlang, meine Fensterscheiben beben leise.

Bei dichtem Nebel, wenn man die Umrisse der Schiffe gerade noch erkennen kann, hebt auf dem Strom ein unheimliches Leben an: Dampfer tuten sich, bald hell, bald grollend heiser, ihre kurzen und langen Signale zu. Hier oder da klirrt eine Ankerkette durch eiserne Klüsen, die Nebelglocke läutet in vorgeschriebenen

Traditionsschiffe im Vegesacker Hafen

Abständen. Flache Frachtkähne treiben langsam wie dunkle Särge vorbei.

Besonders eindrucksvoll aber ist es in der Nacht: Die grünen und roten Seitenlichter der Schiffe glühen, weiße Toplichter oben an den Mastspitzen blinken. Die großen Dampfer sind hell erleuchtet, ihre Schornsteine werden angestrahlt. Begegnen sich aber zwei solche schwimmenden Paläste, ist das ein Ereignis, dem man immer wieder gebannt zusieht.

Das erleben wir oft. Eines Tages jedoch fuhr das Schulschiff „Gorch Fock" vorbei: An seinen vier hohen Masten hatte es sämtliche Segel gesetzt, braun waren sie, gebläht vom sachten, achterlichen Wind. Nur so konnte es ohne Motor oder Schlep-perhilfe im schmalen Fahrwasser der Weser fahren, kreuzen könnte es darin nicht. Wie eine Vision, ein Märchenwesen aus alten Zeiten, zog es lautlos seinen Weg zum Meer – ein unvergeßlicher Anblick.

Wohl am wunderbarsten aber ist es, wenn am Morgen ein zarter graublauer Dunst über der Weser liegt. Die Sonne scheint vom Osten herein, hellt ihn leicht auf, beglänzt auch mit mattem Schein das Schiff, das in diesem verschleierten Licht sachte stromab gleitet, geisterhaft unwirklich, zauberhaft schön – kein Maler könnte das malen, kein Dichter es gültig schildern, ein Bild aus „jenem Stoff, aus dem Träume sind".

Und wie auch soll man die Sonnenuntergänge beschreiben, die so mannigfaltig sind, daß man immer wieder meint, so leuchtend schön sei noch keiner zuvor gewesen. In letzter Stunde legt die Sonne einen breiten Streifen Goldes über die Weser, die Wolken im Westen färben sich glutrot, zart erglühen weithin die Lämmerwölkchen. Das Wasser ist rosenrot, matter wird es dann, schimmert violett, wird endlich tintenblau – eine ganze Palette von Farben scheint ausgegossen über Himmel und Strom.

Schulschiff „Deutschland"

Aus: Bremen – Merian-Heft 7 des XVIII. Jg., Hamburg 1965, S. 82-85

In den Industriehäfen

Berufe im Hafen und um den Hafen herum

Der Hafen bietet immer noch 20.000 Arbeitsplätze in Bremen und Bremerhaven, 70.000 Arbeitsplätze sind indirekt hafenabhängig (BLG, 1994). Im Gegensatz zu früher handelt es sich um qualifizierte Facharbeiter. Neben den Spediteuren, Reedereien und Werften gibt es Verpackungs- und Umschlagbetriebe, Gangway- und Schwimmkranverleih. Gängige Berufe sind z.B. Schiffsmakler und Schiffsladungskontrolleure, Lotsen, Schiffsfestmacher und Stauer, sowie die Schiffsmelde- und Hafenwachdienste und die Wasserschutzpolizei.

An alte Zeiten erinnert noch ein Hafenfriseur, eine „Anbiethalle" im Hafenhaus am Überseehafen und eine Kneipe am Kopf des Holz- und Fabrikhafens. Die Stimmung ist eher trostlos.

„Jederzeit bereit" Die Lotsenbrüder

„Sechzig Kilometer Weser bis Bremerhaven kann kein Fremder fahren," erzählt ein ehemaliger Lotse. „Bevor Radar und UKW entwickelt waren, kam es aber schon mal vor, daß man von Bremen bis Bremerhaven eine Woche auf dem Schiff verbrachte, weil es ständig neblig war."

Stromabwärts

Die Weser ist ein schwieriges Fluß-
revier. Sie ist schmal, tideabhängig,
voller Nebelbänke und hat viel Be-
rufs- und Freizeitverkehr. Damit die
Schiffe sicher die Häfen erreichen,
sind Lotsen notwendig, die die Eigen-
heiten der Weser wie ihre Westenta-
sche kennen. Es gibt zwei Seelotsen-
reviere: Weser I und Weser II. Das
erste umfaßt die Fahrstrecken zwischen Bremen und Bremerhaven und
die Oldenburgischen Häfen Norden-
ham, Brake und Elsfleth, das zweite
umfaßt Fahrtstrecken im Bereich der
Außenweser. Die Lotsenbrüderschaft
Weser I ist auch für die Lotsungen in
allen Häfen an der Unterweser zuständig. Sie fahren auf allen „Pötten"
und bringen die Schiffe aus Nigeria,
Ghana, China etc. in Bremerhaven
bis vor die Tür. „Wenn man bei den
Chinesen aufs Schiff kam," erinnert
sich lachend Thomas Tilgner, ebenfalls Exlotse, „wußte man nie, wer
der Kapitän war. Da standen 150 Leute in blauer Kluft. Mit der Zeit sind
wir immer auf den Dicksten zugegan-
gen, weil sich herausgestellt hatte,
daß der meist der Kapitän war."
Die Lotsen haben sich in Brüder-
schaften organisiert, die Körperschaf-
ten des öffentlichen Rechts sind. Die
Wasser- und Schiffahrtsdirektion
Nordwest in Aurich mit ihrer Außen-

stelle in Bremerhaven ist die direkte Aufsichtsbehörde für die beiden Lotsenbrüderschaften. Der Bundesverkehrsminister ist die oberste Aufsichtsbehörde der Lotsen. „Wir sind freiberuflich tätig und haben uns zusammengeschlossen", erläutert Gustav Hempe. „Wer Lotse werden will, muß sechs Jahre auf Kapitänspatent zur See gefahren sein. Werden neue Lotsen benötigt, stimmt die Brüderschaft ab, wieviele eingestellt werden. Dann schreibt sie eine Wahl aus. Lotsen werden nämlich gewählt. Nach der Wahl fahren die Aspiranten ein halbes Jahr unentgeldlich mit. Nach einer Prüfung durch die Wasser- und Schiffahrtsdirektion bekommen die frischgebackenen Lotsen ihre Bestallungsurkunde vom Staat. Erst mit der ausgehändigten Urkunde wird man Mitglied in der Lotsenbrüderschaft. Als Mitglied der Brüderschaft wird einem erstmal das Du angeboten. Jeder bekommt den gleichen Lohn. Wir haben alle in einen großen Topf gearbeitet. Jedes Schiff muß für die Dienste der Lotsen bezahlen. Der Schiffsmakler als Vertreter des Schiffes muß den Betrag für unsere Leistung in die Kasse der Lotsenbrüderschaft einzahlen. Jeder junge Kollege wurde genauso bezahlt wie die Alten. Darin zeigt sich, was Brüderschaft bedeutet. Man war vollkommen sicher in diese Brüderschaft

eingebettet. Krankheit wurde nicht kontrolliert. Man fühlte sich verantwortlich," so Thomas Tilgner.

Die Lotsen arbeiteten eigenständig. „Der Beruf formt einen auch. Wir Lotsen haben ja nie einen Vorgesetzten. Wir haben immer das letzte Wort." Früher waren die Lotsen auch zur Überwachung der Zollvorschriften zuständig, so lange sie an Bord waren. Die Lotsenbrüderschaft muß jederzeit Lotsen zur Verfügung stellen können. Die ständige Rufbereitschaft der Lotsen bestimmte das gesamte Familienleben. „Meistens bekamen wir zwei Stunden vorher Bescheid, auf welches Schiff wir zu gehen hatten. Und das spielte sich ja

Im Industriehafen

rund um die Uhr ab," erzählt Gustav Hempe. „'Jederzeit bereit', hieß das Motto. Die gesamte Familie war eingebunden in diese Arbeit. Einer mußte immer am Telefon bleiben. Wenn ich also im Garten war, mußte meine Frau in der Nähe des Telefons bleiben. Daher spricht meine Tochter auch von 'lotsengeschädigten Kindern', weil das Telefon immer frei sein mußte und sie mit ihren Freundinnen nicht so lange telefonieren konnte. Die Nachfolger unserer Lotsengeneration hatten schon die kleinen Pieper und heute haben sie Mobiltelefon. Bevor es Telefone gab, wohnten die Lotsen ganz in der Nähe des Hafens in Walle. Da wurde jemand hingeschickt, um Bescheid zu sagen." „Das, was Lotsen wirklich auszeichnet: Sie müssen zu jeder Tages- und Nachtzeit schlafen können", ergänzt Ursula Tilgner. „Denn jede zweite Nacht mußten sie fahren."

Ein anderer Lotse erinnert sich: „Es war bei Elsfleth in der Fischereibucht: Ein Kollege fuhr also. Es kamen regelmäßig Schiffe aus England, die kannten uns, und es war ein nettes Verhältnis. Als der Lotse auf das Schiff kam, fing der Nebel an. Radar hatten sie nicht. Das Schiff lag schief, das merkten sie irgendwie, aber na ja; die Sicht wurde besser, das Wasser kam, sie fuhren weiter; es wurde kein Wort drüber verloren. Auch im Kollegenkreis nicht. Nur – an einem Baum wehte die Reedereiflagge. Das Schiff hatte im Nebel so trocken gelegen, daß die Flagge im Baum hängengeblieben war. Da feixten die Kollegen. Das war Anfang der sechziger Jahre."

Die Arbeit der Lotsen ist durch UKW und seit den siebziger Jahren durch Radarsysteme erleichtert worden. Die Lotsen führen auch die Radarberatung von Land durch. Die Arbeit ist aber immer noch anspruchsvoll und verantwortungsbewußt auszuführen. Die internationale Sprache ist Englisch. Auch manch angenehme Seiten brachte der Lotsenalltag mit sich. „Bei den Franzosen gab es das beste Essen. Man konnte von Bremen bis Bremerhaven essen. Wenn man ein schnelles Schiff hatte, fuhr man extra langsamer," merkt Thomas Tilgner augenzwinkernd an.

„Die meisten blinden Passagiere hatten wir aus Afrika",

berichtet Dieter Großmann von der Wasserschutzpolizei – „Wenn die Fruchtimporte aus Marokko im Dezember wieder anfangen, geht das mit den blinden Passagieren wieder los. Wir haben schon ein Schiff gehabt im Überseehafen, die 'Weserdeich' war das, die ist aus Marokko gekommen mit elf 'Blinden' und sechs Mann Besatzung. Wir hatten auch mal einen Blinden, der kam aus Algerien, vor zwanzig Jahren war das. Der war auf dem Schiff 'Marianne', das alle fünf Wochen hier war. Der Blinde ohne Papiere wurde von uns in Gewahrsam genommen,

68

Im Holz- und Fabrikenhafen

und als das Schiff auslief, brachten wir ihn wieder an Bord. Und das ging hin und her. Innerhalb von einem Jahr hatten wir ihn viermal hier. Ali kam eben in Algerien auch nicht mehr an Land, weil er keine Papiere hatte. Das Schiff ist innerhalb von drei Jahren zweimal verkauft worden, und Ali ist quasi mitverkauft worden. Es ist wahr. Keine Botschaft hat sich für ihn verantwortlich erklärt. Die sagten alle, der kommt nicht von uns. Der existierte gar nicht, obwohl in Algerien Verwandte von ihm aufgetaucht waren. Irgendwann war er nicht mehr da. Blinde melden sich in der Regel auf See, wenn sie Hunger haben, und die Kapitäne müssen die Blinden im Hafen bei der Wasserschutz melden. Tun sie das nicht, drohen ihnen hohe Geldstrafen. Blinde Passagiere aus dem Ausland werden meist auf demselben Wege wieder zurückgeschickt."

Aufgabenfelder der Wasserschutzpolizei, die im übrigen – vermutlich wegen ihrer schönen Uniformen – von den Bremern heimlich „Operettenpolizei" genannt wird, sind Maßnahmen zum Schutz der Umwelt, der Intensivierung der Verkehrsüberwachung infolge der Zunahme des Schiffsverkehrs auf der Weser, vermehrte Überwachungstätigkeit beim Transport und Umschlag gefährlicher Güter und einer Vielzahl wassersportlicher Veranstaltungen. Aber auch Bomben, die während der Vertiefung der Weser in den siebziger Jahren gefunden wurden, schwimmende Seehunde, ein verirrter Wal Ende oder eingefrorene Schwäne beschäftigen die „Wasserschützer".

Die Wasserschutzpolizei ist seit 1948 eine selbständige Abteilung der Landespolizei und dem Senator für Inneres unterstellt. Sie ist für 416 Flußkilometer zuständig, vorwiegend für die Weser (298 Kilometer bis zur ehemaligen Hoheitsgrenze), aber auch für Teile der Hamme, Wümme, Lesum, Ochtum sowie die Blocklandgewässer und die Geeste. Die Tätigkeitsgebiete sind die der Ordnungs- und Sicherheitspolizei. Sie ist wie die Polizei auf dem Land eine Vollzugspolizei und für Unfalluntersuchungen, für Verkehrsüberwachung und Schiffs- und Sicherheitskontrollen an Bord zuständig. Darüberhinaus übt sie auch die Tätigkeit der Grenzpolizei aus, d.h. Aufgaben, die sonst dem Bundesgrenzschutz übertragen sind. Sie führt Paßkontrollen durch, erteilt Visa. Jedes ein- und auslaufende Seeschiff ist grenzpolizeilich abzufertigen. Jede per Schiff ein- oder ausreisende Person wird überprüft und erhält einen Ein- bzw.

Ausreisestempel. Außerdem werden die Besatzungsmitglieder anhand der Musterrolle auf ordnungsgemäße An- und Abmusterung überprüft. Ausländische Schiffsbesatzungen erhalten oft einen Landgangsausweis. Die Papiere müssen alle in Englisch geschrieben sein. „Häufig werden bei der Kontrolle der Schiffspapiere geringfügige Ordnungswidrigkeiten festgestellt, z.B. eine abgelaufene Gültigkeitsdauer oder veraltete Seekarten," berichtet Jens Rezewski.

Die meisten Mitarbeiter der Wasserschutzpolizei sind selbst zur See gefahren. Sie sind daher gute Kenner des Hafen- und Seefahrtmilieus und werden von den Schiffsbesatzungen eher als Gleichgesinnte empfunden. „Wir werden an Bord gar nicht so als Polizisten angesehen. Es geht brüderlich und zwischenmenschlicher zu als bei der Landpolizei," betont Heiko Lauterbach.

„Früher war die Kriminalität eine ganz andere. Wir hatten vorwiegend mit Beischlafdiebstahl, Körperverletzung, Messerstechereien zu tun. Es gab die Damen des horizontalen Gewerbes. 'Nutten an Bord' war verboten, aber geduldet. Wollte 'mal einer nicht bezahlen, wurde die Wasserschutz geholt. Die Mädchen kriegten auch ihr Recht. Da paßten wir schon auf. Wir kommen ja alle aus derselben Küche. Wir sind selbst gefahren.

Wasserschutzpolizisten der Station II bei den Industriehäfen

Das hat die Atmosphäre geprägt. Da ist z.B. auch nicht alles im 'Schwarzen', was die Rechtsordnung angeht, aber der Erfolg ist ja letztlich das Entscheidende. In den sechziger Jahren, ich war jung im Dienst, hatte ich einen älteren Kollegen, der ein leidenschaftlicher Briefmarkensammler war. Grenzpolizeiliche Ermittlungen machte die Wasserschutz auch. Wir gingen also zu zweit an Bord. Seeleute, die ihren Unterhalt nicht bezahlt haben, mußte man manchmal festnehmen. Mein Kollege hat sich nun erstmal mit dem Delinquenten in dessen Kammer gesetzt, um zu sehen,was der für Briefmarken hatte. Die haben erstmal Briefmarken ge-

tauscht. Und dann gings los. 'Nun pack mal deine Sachen!"

Die Wasserschutzpolizei erlebt hin und wieder unglaubliche Geschichten mit den „Freizeitkapitänen". Heiko Lauterbach und Egmont Kozlowski erinnern sich: „Es gab diesen einen Motorbootfahrer aus dem Ruhrgebiet. Seine Frau hatte in Oldenburg eine Yacht gekauft. Sie wollten die Hunte und die Weser runterfahren bis Bremerhaven, an der Küste entlang, und den Rhein wieder hoch nach Hause fahren. Er fuhr los ohne Führerschein, ohne auf die Tide zu achten. Dann kam Nebel auf. Er fuhr an Bremerhaven vorbei, ohne es zu merken, und war plötzlich auf offener See. Bei anschließend wieder strahlendem Sonnenschein wunderte er sich zwar, auf offener See zu sein, fuhr aber weiter. Mit dem Kompaß kannte er sich nicht aus, und eine Seekarte hatte er gar nicht. In Höhe Tegeler Plate sah er in einiger Entfernung einen Segler, den er nach der Richtung fragen wollte, ohne dabei auf das Fahrwasser zu achten. Gleichzeitig kam von See eines der Polizeiküstenboote, das die Yacht auf völlig falschem Kurs sah. Sie ist dann mit voller Fahrt auf eine Sandbank aufgelaufen. Es gibt eine Menge solcher Leute. Viele überschätzen sich selbst und vertrauen dann auf die Hilfe der Polizei oder der Seenotrettung."

*„Wir möchten ein bißchen
mehr menschliche
Wärme geben",*

erklärt Johannes Bieler, Pastor bei der Katholischen Seemannsmission, den Grundsatz seiner Arbeit. „Ich bin selbst achteinhalb Jahre zur See gefahren und kenne dieses rauhe Geschäft."
Die Seemannsmissionen sind soziale Einrichtungen, die Seeleute und ihre Angehörigen beraten und unterstützen. Die Katholische Seemannsmission „Stella Maris" hat ihren Sitz im Überseehafen. „Wir sind altmodische Seelsorger, wir machen Hausbesu-

che, und wir gehen auf die Schiffe. Ich bin zuständig für sämtliche Unterweserhäfen. Wir halten auch Gottesdienste auf den Schiffen ab. In Bremerhaven haben wir in einer evangelischen Kapelle schon mal einen katholischen Gottesdienst gefeiert," berichtet Johannes Bieler. „Die Seeleute sind froh, daß sie überhaupt jemand besucht. Mit unserem gespendeten Campingbus fahren wir zu ihnen, ohne auf Religion, Kultur oder Nation zu achten. Wir gehen aufs Schiff, oder die Seeleute kommen in unseren Bus. Meine Arbeit hat sich im Laufe der Zeit sehr verändert. Früher habe ich mit den Freimachern,

Ausflugsschiff vor der ehemaligen Werft AG Weser

Blick vom Lankenauer Höft

Seeleuten, die freie Zeit hatten, Exkursionen in die Umgebung gemacht, habe sie beim Einkaufen und beim Stadtbummel oder bei Regen ins Museum begleitet. Wir haben Fußballspiele ausgerichtet. Heute hat der Seemann keine Zeit mehr. Er hat vielleicht noch drei bis vier Stunden Aufenthalt im Hafen. Wir haben jetzt Mobiltelefon, so daß die Seeleute bei uns wenigstens direkt zu Hause anrufen können. Sie haben ja gar keine Möglichkeit mehr, Geld zum Telefonieren zu tauschen, seitdem die Post im Hafen geschlossen hat. Bei denen, die zu uns kommen, geht es meistens um familiäre Probleme. Die Verein-samung auf den Schiffen wird auch immer größer, weil sich die Seeleute häufig aufgrund der verschiedenen Nationalitäten gar nicht richtig verständigen können . Für uns ist es notwendig, viele Sprachen zu sprechen. Als ich einmal auf ein türkisches Schiff kam, traf ich auf einen Wachmann, der nur Türkisch sprach. Ich versuchte es in verschiedenen Sprachen, er lächelte immer und war sehr freundlich, verstand aber nichts. Auf Englisch sagte ich noch einmal ganz langsam: 'I am from the Seaman's mission.' Da fängt er plötzlich an zu strahlen, nimmt mich am Arm und bleibt plötzlich vor einer großen Feu-

73

Impressionen im Hohentorshafen

74

Das Seemannsheim der Bremer Seemannsmission im Sommer 1984

erglocke stehen, die von der Firma Siemens gebaut war. Das war das einzige, was er verstanden hatte – Siemens."

Die Deutsche Seemannsmission hat ihren Sitz in Bremen. Sie wird zum großen Teil von der Evangelischen Kirche und aus Bundeszuschüssen und Spenden finanziert. Die Bremer Seemannsmission unterhält ein Seemannsheim für in- und ausländische Seeleute. Das Heim wird mit den Schiffsabgaben finanziert.

Ehrenamtlich tätige Personen unterstützen die Arbeit der Seemannsmissionen. „Es gab eine sehr engagierte Ehrenamtliche in Bremen, Renate Gruhl, 'Florence Nightingale' genannt," berichtet Jens Rezewski von der Wasserschutzpolizei. „Sie betreute Seeleute verschiedener Nationen, arrangierte Landausflüge und Museumsbesuche, organisierte Kontakte zwischen Seeleuten und Bremern u.v.m. Sie soll die Enkelin des Grafen Luckner gewesen sein."

Hilfe leistete auch die Wasserschutzpolizei selbst. „Jahrelang haben wir Kleidung gesammelt, um sie den Besatzungen aus Indien, Bangladesh, Rumänien zu geben. Die freuten sich über die Sachen. Die wurden bei uns topversorgt," erzählt Dieter Großmann. „Jahrelang habe ich internationale Tischtennis-Treffen mit Russen und Deutschen organisiert. Ich hatte einen guten Draht zum Betriebstischtennis der Brauerei Beck. Die waren an internationalen Treffen interessiert. Vor Jahren lagen die Russen ja länger im Hafen und die machten ja auch Sport an Bord. Seitdem die Schiffe nur noch kurz hier liegen, ist das eingeschlafen."

Eine besondere soziale Einrichtung ist das „Haus Seefahrt", das 1545 gegründet wurde. Es ist das einzige Sozialwerk für Seeleute und ihre Angehörigen, das sich bis heute erhalten hat. Ursprünglich setzten sich die Kapitäne mit den Kaufleuten am Ende des Winters zu einem letzten Essen zusammen. Abschließend wurde in eine gemeinsame Kasse eingezahlt, um in Not geratene Seeleute und ihre Angehörigen zu unterstützen. Die Speisefolge dieses Essens, der berühmten Schaffermahlzeit, liegt seit Jahrhunderten fest: Hühnersuppe, Stockfisch und Kohl und Pinkel mit Rauchfleisch, dazu Schafferwein, Seefahrtsbier und Tabak. Das Essen findet nach jahrhundertealten, festgelegten Ritualen statt. „Schaffen, Schaffen unnen un boven – unnen un boven Schaffen!" mit diesem Ruf aus alten Segelschifftagen, der den Seeleuten signalisierte, daß angerichtet sei, bittet der Vorsteher des „Hauses Seefahrt" jedes Jahr am zweiten Tag

im Februar ins Bremer Rathaus zur Schaffermahlzeit zu Tisch. Dieses Essen gibt es seit der Gründung des „Hauses Seefahrt". Die Schaffergesellschaft besteht heute unverändert aus Reedern, Kapitänen und Kaufleuten sowie geladenen Gästen aus aller Welt. Die Schaffermahlzeit ist mittlerweile zu einem Freundschaftsessen geworden, mit dem Bremen wirbt und seine internationalen Beziehungen pflegt. Die Summe, die nach dem Essen gesammelt wird, kommt dem „Haus Seefahrt" zugute, das eine

Portal des „Hauses Seefahrt" – Steindruck von 1963

Wohnanlage für alte Kapitäne, Witwen und Waisen unterhält (Aus: Gutmann, 1993).

Eine andere Bremer Tradition ist die „Eiswette", bei der es um die Weser

Eiswette auf der nicht zugefrorenen Weser, Ende der sechziger Jahre

und ihre Schiffbarkeit geht. „Die Weser geiht, die Weser steiht". Ob die Weser eisfrei, d. h. ob sie von der Schiffahrt befahrbar oder ob sie zugefroren ist, ist für die Schiffahrt von zentraler Bedeutung. Bis in die achtziger Jahren des 19. Jahrhunderts, also vor der Weserkorrektion, war die Weser im Winter häufig vereist. Richtig zugefroren war sie 1947 das letzte Mal. Man konnte damals zu Fuß über die Weser laufen. Die Sorge um die Schiffahrt führte 1829 zur Gründung der Eiswettgesellschaft, einer wettfreudigen Männerrunde, die sich am 6. Januar mittags um 12 Uhr am Osterdeich, früher Punken-deich genannt, trifft, um das Eis zu prüfen.

Es geht dabei immer um ein Grün-kohl-und Pinkel-Essen, das der Verlierer zu bezahlen hat. Für die Wette, ob die Weser „geiht" oder „steiht", gilt folgende Regel: Wenn ein 99 Pfund schwerer Schneider samt seines glühenden Bügeleisens trockenen Fußes am Punkendeich über die Weser gehen kann, dann „steiht" sie. Wie die Schaffermahlzeit wird auch die Eiswette nach festen Ritualen ausgerichtet und es werden Gäste eingeladen, meistens Würdenträger aus der Politik und Wirtschaft (Aus: Gutmann, 1993).

Die Weser – Inspiration für die Kunst

„Diese Lichtspiegelungen...“

„Bis 1975 habe ich so einen eckigen, linearen Kram mit Lineal gemacht,“ erinnert sich Hans Wilhelm Sotrop, ein Bremer Künstler „Du bist doch eigentlich ein ganz sinnlicher Typ, wieso machst du immer sowas Eckiges, fragten mich Freunde eines Tages. Nach der Geburt unserer Tochter, waren wir mit ihr immer an der Weser,“ erzählt er. „Das Thema Wasseroberfläche begann mich zu interessieren, diese Lichtspiegelungen ..., und da bin ich immer an die Weser gegangen und habe Photos gemacht. Die Aufnahmen waren meine Arbeitsgrundlage. Ich mache etwas, was sich an bestimmte Formen, die die Photos vorgeben, anlehnt. Ich sitze Stunden vor der Leinwand und denke gar nicht mehr an die Photos. Auf der großen Malfläche entsteht eine eigene Gesetzmäßigkeit. Die Formen auf dem Bild verändern sich nicht mehr, aber durch Linien, Schraffuren, Helligkeitsabstufungen wird der Blick mit der Malerei auf der Fläche bewegt. Manchmal setzt die Vorstellung die Farbformen über den Bildrand hinaus fort. Durch das Segeln habe ich Ge-

„Das Boot“ von Colin Foster – Süduferpromenade Kleine Weser

79

„Windobjekt" von Hein Sinken – Tiefer/Wilhelm-Kaisen-Brücke

Wandmalerei am Sielwall-Fährhaus von V. Dobers, D. Hillebrecht und R. Wienbeck

legenheit bekommen, dieses Thema, das ich am Fluß angefangen hatte, noch viel hautnaher zu erleben. Man ist auf den Segelschiffen 1,5 bis 2 Meter von der Wasseroberfläche entfernt, die sanft, glatt, blau, grau spiegelt. Man sieht, daß alle Farben vorkommen. Man guckt sich das Meer ja nicht ohne Anspannung an. Man weiß nicht, was auf einen zukommt, bis hin zur Angst. Diese Emotionen kann man in die Bilder hineinbringen. Meine erste Beziehung zu einem Fluß entstand an der Hamme. Ich bin in Osterholz-Scharmbeck geboren. Mein Großvater war Johann Tietjen, der direkt an der Hamme geboren wurde, da wo heute Tietjens Hütte ist. Mein Großvater war Schiffbauer und hat zunächst bei der AG Weser, später bei den Atlaswerken gearbeitet." Seit dieser Zeit hat das Thema „Wasser" den Künstler nicht mehr losgelassen. Es ist zu seinem Lebensthema geworden.

„In Steinwurfweite zur Weser"

„Ich habe häufig auf öffentlichen Beiratssitzungen erlebt, daß das Publikum Themen favorisierte, die mit Wasser zu tun haben", meint Hans-Joachim Manske, der Direktor der Städtischen Galerie im Buntentor. „Ganz egal, ob ihr Arbeitsplatz noch was mit Hafen oder Schiffahrt zu tun

hatte, meistens drehte es sich um den Fluß und was mit ihm zusammenhängt. So hatte ich indirekt immer mit der Weser zu tun. Jetzt bin ich in der Galerie im Buntentor ihr Nachbar. In dieser Stadt hat für mich vor zwanzig Jahren mit der Weser alles angefangen."

Seit über zwanzig Jahren gibt es in Bremen das Programm „Kunst im öffentlichen Raum". Viele Kunstwerke, die in diesem Rahmen entstanden sind, befinden sich an der Weser, wie z.B. das Windobjekt von Hein Sinken an der Tiefer, die Neon-Skulptur von Mike Rodemer am Sielwall-Fähranleger, die Skulpturen an der Uferpromenade, Auf dem Peterswerder und am neuen Weserwehr.

„Viele unserer Aktionen fanden in 'Steinwurfweite' zur Weser statt," berichtet Hans-Joachim Manske. Die ersten Kunstwerke sind im Weseruferpark in Rablinghausen entstanden. „Ich habe diesen Fluß 1975 durch ein erstes Projekt kennengelernt im Weseruferpark in Rablinghausen. Es gab noch die AG Weser. Wir haben damals mit Hans-Jürgen Breuste ein Projekt gemacht. So ein riesiges Monument. Das Problem war, daß der Künstler dieses Gebilde aus Cor-Ten-Stahl hergestellt hat, der wie andere Stähle Rost ansetzt, nur daß er konserviert. Die Arbeiter haben gesagt, müssen wir denn in unserer Freizeit wieder auf dieses Material schauen, wo wir es den ganzen Tag vor Augen haben? Und jetzt habt Ihr nichts besseres zu tun, als uns diesen Rostbolli vor die Nase zu setzen und meint auch noch, er würde den Freizeitwert unserer näheren Wohnumgebung verschönern. Bei Hafenrundfahrten wurde allerdings schon mal gesagt, daß es sich bei dem rostigen Kunstwerk im Weseruferpark um ein Denkmal für die AG Weser handelt. Obwohl die Leute dieses Ding immer noch nicht lieben, ist es eingemeindet worden."

Daß so viele Kunstwerke an der Weser stehen bzw. sich mit ihr thematisch beschäftigen, wie z.B. der Gezeitenbrunnen in der Pieperstraße, ist zum einen auf das Interesse der Bremerinnen und Bremer zurückzuführen, zum anderen auch auf das Bedürfnis der Künstler, sich mit dem Element Wasser, mit ihrer Stadt am Fluß und deren Bedeutung auseinanderzusetzen. Auch in Zukunft wird die Weser Künstlerinnen und Künstler inspirieren und Raum für Kunstwerke bieten.

„Die geographische Situation der Stadt am Fluß interessiert z.B. die amerikanische Künstlerin Maria Nordmann sehr. Sie ist die Gewinnerin des 2. Roland-Preises," teilt Thomas Deecke, Direktor des Neuen Museums Weserburg, des größten

„Doppelstück" (Teilansicht) von Ulrich Rückriem – Teerhof Bürgermeister-Smidt-Brücke

Museums für zeitgenössische Kunst in Deutschland und des einzigen Sammlermuseums Europas, mit. „Es wird eine temporäre Arbeit, eine schwimmende Skulptur, die auf der Kleinen Weser installiert wird. Wir wollen in Zukunft die Weser als einen Landschaftsteil, als Fläche zur Präsentation von Kunst nutzen."

„Natürliche Klimatisierung durch die Weser"

„Es ist wunderschön, daß das Museum hier auf dem Teerhof liegt," schwärmt Thomas Deecke. „Wir haben Naturlicht im ganzen Haus. Der andere große Vorteil ist, daß die Weser eine natürliche Klimatisiererin ist. Nichts ist schlimmer für ein Museum mit Kunstwerken als extreme Temperaturschwankungen. Da unser Museum keine Klimaanlage hat, waren wir nach Temperatur- und Luftfeuchtigkeitsmessungen sehr froh festzustellen, daß die Weser eine natürliche Klimatisiererin ist. Bei uns sind die Temperaturen wesentlich ausgeglichener als z.B. in der Stadt. Ein weiterer Vorteil unserer Lage ist, daß man uns leicht findet. Man muß nur sagen, 'auf der Insel zwischen den beiden Brücken'. Nachteile sind z.B., daß wir keine Flächen ums Museum

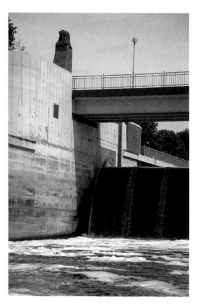

„Januskopf" von Klaus Luckey – Weserwehr

herum besitzen. Von meinem Schreibtisch aus blicke ich direkt auf die Weser. Ich genieße die Lebendigkeit des Wassers, dieses Auf und Ab. Das ist sehr spannend."

„Der geheime Bremer Klangbogen",

meint Michael Abendroth vom BUND, „befindet sich am Weserwehr". „Wenn man über das neue Wehr geht, so ab Windstärke fünf, fangen die Edelstahlteile des Geländers an zu singen, jedes Teil in seinem eigenen Ton. Ich nenne das den geheimen Bremer Klangbogen. Das neue Weserwehr ist ein sehr schönes Wehr. Zusammen mit dem Kunstwerk und dem Spruch 'Alles ist nur Übergang' ist das wirklich ein gelungenes Bauwerk. Und da oben bei Sturm auf dem Weserwehr, da braucht man nicht auf eine Insel zu fahren, so windig ist es." Bei dem Kunstwerk handelt es sich um den Januskopf des Hamburger Künstlers Klaus Luckey. Der Spruch 'Alles ist nur Übergang' ist ein Brückenspruch von der Donau. Der Verfasser ist unbekannt.

Mit dem 1993 fertiggestellten Weserwehr wurde auch der Hastedter Uferpark neu gestaltet. Wehr und Park sind bei Wind und Wetter beliebte Ziele für Spaziergänger und Weserliebhaber. Die Kunstwerke entlang

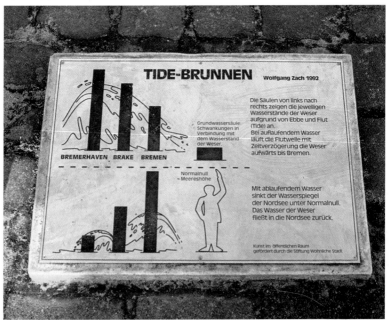

„Gezeitenbrunnen" von Wolfgang Zach – Martinistraße/Piperstraße

der Uferzone greifen das Thema Fluß/Wasser in unterschiedlicher Weise auf, werden erfreut wahrgenommen oder auch kritisch belächelt, von Kindern und Jugendlichen zum Klettern oder als Sitzplatz benutzt. Wie auch immer die Meinungen über Kunst auseinandergehen, die Skulpturen beleben den Uferpark und schaffen eine der sachlichen, funktionalen Architektur des Wehrs gemäße Atmosphäre.

Der Gezeitenbrunnen

Ein Kunstwerk, der Gezeitenbrunnen von Wolfgang Zach in der Pieperstraße, macht den Tidenhub der Weser ganz direkt deutlich. Der Tidenhub der Weser in Bremen beträgt zwischen Hoch- und Niedrigwasser mittlerweile um die vier Meter und ist der größte an der deutschen Nordseeküste. Drei Säulen zeigen die Pegelstände der Weser bei Bremerhaven, Brake und Bremen an. Durch die Gegenüberstellung der Wasserstände wird die Dynamik der Gezeitenbewegung sichtbar gemacht und auch ihr erheblicher Einfluß auf das Grundwasser. Eine Elektronik empfängt die Signale der entsprechenden Weserpegel, die der Überwachung des Wasserstandes auf der Weser dienen, und steuert die Säulen in die richtige Höhe.

Stadtfluß Weser – Flußstadt Bremen

„Wenn Möwen oder Reiher über unser Haus fliegen,"

so Michael Abendroth, „erinnert mich das immer daran, daß die Weser nicht weit ist". Ja, die Weser ist immer dabei! Bremen zieht sich bei einer maximalen Breite von 16 Kilometer ca. 40 Kilometer an der Weser entlang. Einige ihrer Stadtteile, z.B. Walle oder Gröpelingen, liegen parallel zur Weser ganz in ihrer Nähe, oder, wie Woltmershausen, direkt an ihrem Ufer. Die Weser ist das Rückgrat der Stadt und der gesamten Siedlungsentwicklung. Obwohl der Fluß längst keinen natürlichen Lauf mehr hat, sondern auf weiten Strecken einem Kanal gleicht, prägt er nach wie vor die allgemeine Lebensqualität. Bremen ist eben eine Stadt am Fluß. Da sind die Möwen, die ein Synonym für „See" darstellen, die Seehunde, die sich in die Weser verirren, die Graureiher, die am Werdersee auf Beute lauern, oder der Wind und der Geruch des Wassers. Die Weser ist auch heute noch ein Stück Natur in der Stadt.

Früher gehörte das Eis auf der Weser genauso zum Jahreslauf wie die alljährlich im Frühjahr stattfindenden Überschwemmungen, der Nebel im

Herbst, das Badevergnügen an den Stränden im Sommer.

„Wenn das Eis mit der Strömung ging, hörte man ein ununterbrochenes Mahlen," erinnert sich eine Bremerin. „Wir wohnten an der Weser und hatten im Winter das Eis direkt vor Augen- und auch im Ohr. Es war ein sanftes, stetes Geräusch. Bei Ostwind bildete sich ein Saum aus Eis, der festfror. Nur das Fahrwasser blieb frei. Dieses Mahlen an den Schollen hörten wir Tag und Nacht. Bei Ebbe war es so, daß die Schollen, die bei Flut vielleicht 30 Zentimeter aus dem Wasser rausragten, einige Meter hoch waren. Wir Kinder konnten dann Höhlen darin bauen."

„Früher gehörte das Schlittschuhlaufen auf der Weser zu den beliebten Wintervergnügen," beschreibt ein über achtzigjähriger Bremer seine Jugend. Damals waren die Winter noch strenger, und die Weser war noch kein Kanal." Es gab sogar Fischer, die sich auf die Fischerei unter dem Eis spezialisiert hatten. War die Weser begehbar, fischten sie die Neunaugen mit Garnkörben. So konnten die Bremer auch im Winter Neunaugen essen und in den beeidigten Neunaugenbratereien kaufen .

„Eislauf an der Weser" – Gemälde von A. Braakman, 1843

Eisgang auf der Weser – Wilhelm-Kaisen-Brücke, 1987

„Fehlte nur noch der Eisbär",

lautete eine Überschrift im Kurier am Sonntag im Januar 1987. „Treibende Schollen, die sich knirschend unter und über meterhohe Eisbarrieren schoben, Wassermassen, denen so der Weg versperrt wurde, und die sich dann mühsam in nicht so feste Schichten hineinfraßen," heißt es weiter. „Dieses frostige Schauspiel am Weserwehr hat gestern Tausende angelockt. Sie kamen mit Ferngläsern, Fotoapparaten und Filmkameras." An diese Vereisung erinnern sich noch viele Bremer. Das alte Wehr geriet aufgrund der sich auf-

türmenden Eisberge zunehmend in Gefahr. „An die Vereisung kann ich mich gut erinnern," schildert Michael Abendroth. „Von der Mittelweser kamen reichlich Eisschollen. Durch die Tide in der Unterweser konnten sie nicht abfließen, sondern stauten sich unterhalb des alten Wehrs zu riesigen Eisbergen. Es war wie in Grönland. Bis zur 'Erdbeerbrücke' gab es eine geschlossene Eisdecke."

Auch für die Schiffahrt war die Lage äußerst angespannt. „Ein Eisfeld hatte sich unterhalb des Weserwehrs gelöst, trieb die Weser hinunter und riß bei extrem starker Strömung mit großer Wucht Schiffe von ihren Liegeplätzen zwischen Bürgermeister-Smidt-Brücke und Stephaniebrücke stromabwärts. Drei Schuten rauschten in die Kleine Weser, drückten das 'Schulschiff Deutschland' aus seiner Position am Anleger und verkeilten sich," schrieben die Bremer Nachrichten am 16. Januar 1987. Insgesamt wurden elf Schiffe beschädigt, der Schaden betrug etwa eine Million Mark.

„Der letzte Eisgang war 1991," berichtet Alexander Naucke von der Hemelinger Weserschleuse. „Das Eis in der Mittelweser wurde durch Schiffe beweglich gehalten und in die Unterweser geschleust."

„Die Weser war ein reißender Fluß"

Jedes Jahr, wenn die Schneeschmelze in den Mittelgebirgen einsetzt, tritt die Weser über ihre Ufer. Im Frühjahr 1981 war dies wieder einmal der Fall. „Allerdings wurde aus diesem relativ normalen Schmelzwasserereignis der bedrohliche Weserdurchbruch," so Michael Abendroth. „Dies hatte auch eine vom Menschen beeinflußte Ursache," erläutert Gerhard Steinmetz vom Wasser- und Schiffahrtsamt. „Der planmäßig vorgesehene Hochwasserabfluß durch das Habenhauser Vorland war nicht mög-

Der Weserdurchbruch, 1981

Hochwasser – Blick vom Kraftwerksturm

lich. Hinzu kam, daß eine der zwei Öffnungen des alten Wehres nicht wie üblich freigegeben werden konnte."

„Die Habenhauser Marsch glich einer Seenplatte. Der Werdersee konnte kein Wasser mehr aufnehmen. Ein sogenannter Grundbruch des Sommerdeichs unterhalb des Wehrs leitete die Flußbettverlegung der Weser ein. Das Wasser floß längst nicht mehr über das Wehr, sondern verbreiterte den Durchbruch. Für einen Moment hatten wir einen wilden, reißenden Fluß in Bremen. Die Weser hatte sich ein neues Bett geschaffen! Sie schoß quer durch das Parzellengebiet und riß die Gartenhäuser mit sich," erinnert sich Michael Abendroth weiter.

Jens Rezewski, tätig bei der Wasserschutzpolizei, denkt ebenfalls an den Durchbruch: „Es schwammen ganze Gartenhäuser auf der Weser. Bei 115 haben wir aufgehört zu zählen. Die ans Ufer getriebenen Häuser, Gasflaschen und was sich sonst noch in den Häusern befand, wurden dann geplündert."

Später wurde die Weser wieder in ihr altes Bett gezwängt und der Durchbruch geschlossen. Ein Rest des Weserwassers verblieb als Binnensee in der Habenhauser Marsch. Heute be-

Bruch des Osterdeichs am 6. März 1827 – Lithographie von Otto Speckter

findet sich dort das Naturschutzgebiet 'Neue Weser'.

„Folge des Durchbruchs war,“ erläutert Albert Bergmann, ein Mitarbeiter des Wasser- und Schiffahrtsamtes, „daß der Werdersee, der eine Entlastungsrinne für die Weser darstellt, für einige Jahre trockengelegt wurde, um ihn neu zu befestigen, damit er in Zukunft den starken Durchfluß bei Hochwasser halten kann.“

„Der Fotograf Hans-Joachim Fliegner,“ erinnert sich Hans Wilhelm Sotrop, „hat – als kein Wasser mehr im Werdersee war – künstlerisch thematisiert, daß es einmal einen Werdersee gegeben hat.“

Für die „Ergänzende Erweiterung und Neugestaltung des stadtnahen Erholungsgebietes 'Werdersee' im Zuge von Hochwasser-Schutzmaßnahmen für das Bremer Stadtgebiet“ bekam die Stadt Bremen 1989 den Hesselbach-Preis der Bank für Gemeinwirtschaft für besondere städtebauliche Leistung. Der Weserdurchbruch 1981 war der Anlaß für diese Maßnahme, die das Habenhauser Vorland und den Werdersee umfaßte. In Fachkreisen gilt dieses Projekt als beispielhaft.

„Die einzige Jahreszeit, in der sich die Weser hier am Stadion meldet, ist die stürmische Jahreszeit, in der

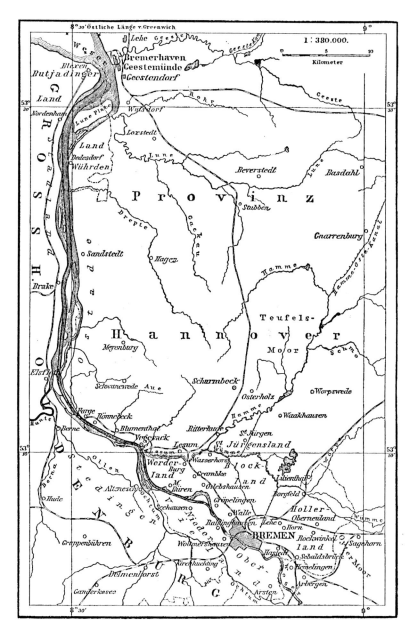

Die Unterweser, das bremische Gebiet und die Zuflüsse der Weser – Mitte des 19. Jahrhunderts

91

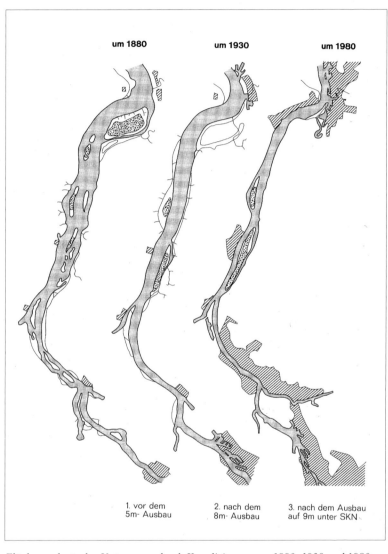

um 1880 **um 1930** **um 1980**

1. vor dem
5m- Ausbau

2. nach dem
8m- Ausbau

3. nach dem Ausbau
auf 9m unter SKN

Flächenverluste der Unterweser durch Kanalisierung um 1880, 1930 und 1980

es Hochwasser gibt," meint Willi Lemke. „ Ich gucke fast jeden stürmischen Tag raus, ob ich meinen Wagen noch auf dem Parkplatz stehenlassen kann. Ich habe hier schon bis zu den Knien in der Weser gestanden. Als im letzten Jahr das starke Hochwasser war, sind die Mitarbeiter hier fleißig mit Sandsäcken herumgelaufen. Aus dem Kanal und aus den Toiletten kam das Wasser heraus. Es war ein ganz merkwürdiges Erlebnis. Bei der großen Flut Anfang der sechziger Jahre war das Weserstadion überschwemmt, aber das war vor meiner Zeit."

Heute gehört die Weser zu den am stärksten regulierten Tideflüssen der Welt. Bis heute ist die Unterweser um etwa 23,3 Quadratkilometer Wasserfläche und ca. 100 Kilometer Uferlänge im Vergleich zu der Zeit vor der Weserkorrektion ärmer.

Mit der ersten Unterweserkorrektion, dem Ausbau der Unterweser zu einem trichterförmigen Kanal, geplant von dem Wasserbauingenieur Ludwig Franzius, ausgeführt von 1887 bis 1895, erfuhr die Weser eine völlige Veränderung. Vor der „Korrektion" war die Weser ein mäandrierendes Flußsystem. Plan war, alle Strom-

Zeittafel zum Ausbau der Unterweser

Zeitraum	Art des Ausbaus
1887-1895	Begradigung des Flußlaufs, Fahrwasservertiefung für Schiffe mit einem Tiefgang von 5 m
1906-1909	Bau der Doppelschleuse
1906-1913	Bau des ersten Weserwehres und Herstellung des Staus
1913-1916	Fahrwasservertiefung für Schiffe mit einem Tiefgang von 7 m
1921-1924	Ausbau des Fahrwassers hauptsächlich in der oberen Weser (erweiterter 7-m-Ausbau)
1925-1929	Fahrwasservertiefung für Schiffe mit einem Tiefgang von 8 m, Verbreiterung der Fahrrinne oberhalb von Vegesack
1953-1959	Fahrwasservertiefung für Schiffe mit einem Tiefgang von 9,6 m
1972-1979	Fahrwasservertiefung für Schiffe mit einem Tiefgang von 10,7 m (13 m bis Nordenham)
1987-1993	Ersatz des alten Wehrs durch eine neue Wehranlage
1995-2000/01	Ersatz der alten Schleuse durch eine Einkammer- Großschiffahrtsschleuse und eine Bootsschleuse für Klein- und Sportschiffahrt

Auf dem Dach eines überschwemmten Hauses nach einem Deichbruch am Buntentorsteinweg im Januar 1841 – Gezeichnet und lithographiert von J. E. Feilner

spaltungen (Sände, Nebenarme, Inseln) zu beseitigen und die Strombreite durch Ufereinfassungen zu verringern, so daß sich die Fließgeschwindigkeit besonders bei ablaufendem Wasser erhöht und so die Räumkraft des Wassers verstärkt wird. Der Tidenstrom sollte das versandete Bett von selber räumen. Die heute immer noch vorhandenen Nebenarme, Schweiburg bei Rodenkirchen und der Rechte Nebenarm gegenüber von Brake, dienen als Flutspeicherraum. In ihrem oberen Teil nur durch einen schmalen Kanal mit dem Hauptstrom verbunden und flußab

trichterförmig offen, nehmen sie bei Flut eine große Wassermenge auf.

Betrachtet man heutige Landkarten mit kleinem Maßstab, fallen rechts und links der Weser Geländebezeichnungen auf, wie „-sand", „-plate", -werder". Diese Namen weisen auf ehemalige Weserinseln und – sände hin, die im Laufe der Zeit durch Aufhöhung, Verfüllung der Altarme oder Versandung eine feste Verbindung mit dem Ufer bekommen haben.

„Die Weser stellt nach wie vor eine Bedrohung für die Bremer dar," erklärt Klaus Frerichs, Leiter des Wasser- und Schiffahrtsamtes. „In Bremen bekommen wir das Wasser von zwei Seiten: das Hochwasser von oben und die Sturmflut von unten. Die Bedrohung ist aber aufgrund der guten Sicherheitsvorkehrungen, der Deiche und Spundwände, wesentlich geringer als früher. Anfang 1994 hatten wir z.B. von oben ein starkes Hochwasser und gleichzeitig eine schwere Sturmflut. Sie brachte die höchsten Wasserstände, die überhaupt in Bremen gemessen wurden. In Vegesack lag der Wasserstand sogar sechs Zentimeter höher als bei der großen Sturmflut von 1962. Es kam aber zu keiner Hochwasserkatastrophe."

„Weil der Boden so versiegelt ist, fließt das meiste Wasser in die Weser und versickert nicht im Boden," teilt Michael Abendroth mit. „Dem Fluß muß grundsätzlich wieder mehr Raum gegeben werden, damit sich die Wassermengen besser verteilen. Der hohe Tidenhub ist ein ganz ungesunder Zustand für den Fluß, vier Meter Tidenhub gegenüber dreißig Zentimeter vor der Korrektion," führt er weiter aus, „dieser Riesentidenhub ist der Haupthinderungsgrund für durchgreifende, schnellwirksame Verbesserungsmaßnahmen. Diese schnelle Strömungsgeschwindigkeit, dieses ständige Aufwirbeln von

Am Weserwehr

Sedimenten, das Fehlen von Bereichen für Wasserorganismen zur Ruhe oder zur Fortpflanzung, zeichnen eher einen Kanal aus als einen Fluß. Früher waren die Jahreszeiten auch geprägt durch die Züge der Lachse, der Maifische und der Stinte. Heute kommen nur noch die Stinte im Frühjahr in die Weser. Ein idealer Lebensraum für Amphibien, Vögel und Fische ist die Weser längst nicht mehr. Es gibt allerdings wieder mehr Fische von den anspruchslosen Arten. Wenn die Weser bei Hochwasser im Sommer eine viertel Stunde stillsteht, sieht man z.B. am Sielwallanleger endlose Schwärme von kleinen Fischen entlangziehen. Die sind so klein, die müssen irgendwo in der Weser entstanden sein."

„Die Weser hat von Natur aus herrliche Sandstrände," schwärmt Michael Abendroth. „Wir vom BUND würden, in Absprache mit den Ämtern, mit Schulklassen eine Aktion 'Wir befreien die Weser von den Steinen' oder so ähnlich machen. Wir sind im Gespräch mit dem Wasser- und Schiffahrtsamt, das für die Weser als Bundeswasserstraße zuständig ist, um zu sehen, ob man Steinschüttungen wegnehmen kann. Aber es kann gut sein, daß das Wasser- und Schiffahrtsamt das nicht zuläßt, weil man

Blick vom Lankenauer Höft

Steinaufschüttungen am Ufer des Osterdeichs

letztlich nicht weiß, was der Fluß mit dem offenen Ufer macht. Gräbt er es ab, oder entsteht etwas anderes, völlig Unvermutetes? Bei dem Schwimmverein Bremen von 1910 e.V. am Priesnitzweg auf der linken Seite der Weser oberhalb von Café Sand in Richtung Kaisenbrücke würden wir gerne den Sandstrand von Steinen befreien. Da tauchen bei Niedrigwasser schon kleine Sandinseln auf. Sandstrand in der Stadt ist wertvoller Naherholungsraum für alle. Das ist eine Aufwertung der Stadt. Die Weser ist selbst auf der Osterdeichseite nicht eigentlich erlebbar. Erlebbar ist ein Fluß, wenn man auch mal den Fuß reinhängen kann. Das ist so gut wie nirgends möglich. Es wäre eine tolle Sache, wenn wir längere Strecken begehbare Sandstrände hätten."

Am Hasenbürener Deich

Am Deich

Die Staustufe Bremen – Wehr- und Schleusenanlage

„Der Übergang über das Wehr hat eine lange Tradition",

bemerkt Gerhard Steinmetz vom Wasser- und Schiffahrtsamt, einer Bundesbehörde. „Für die Hastedter war das immer schon ihr Zugang zur Weser. Ich bin ja Bremer, ich kann mich erinnern, daß wir als Kinder und Jugendliche ständig mit dem Rad an der Wehranlage und am Kraftwerk entlang fuhren. Von daher war uns die behutsame und liebevolle Gestaltung dieses technischen Baus besonders wichtig. Ein Kunstwerk hatten wir zusammen mit dem Architekten Professor Müller-Menckens von Anfang an in die Gesamtplanung einbezogen."

„Als i-Tüpfelchen", erläutern Klaus Frerichs und Gerhard Steinmetz vom Wasser- und Schiffahrtsamt, „ist der doppelgesichtige Kopf des Gottes Janus gedacht , der auf einer Stele steht und das neue Wehr auf der rechten Weserseite begrenzt."

Er ist der Gott des Anfangs und des Endes, des Eingangs und des Ausgangs, auch der Tore und Türen. Der Januskopf steht am Übergang des Flusses, wo man kommt und geht und wo die Grenze der Tide mit ihrem ständigen Wechsel der Wasserstände liegt.

Die neue Wehranlage ist breiter und stabiler als die alte und dem neuen Hochwasserabflußkonzept angepaßt, das nach dem Weserdurchbruch 1981 erstellt wurde. „Das Konzept sieht ein 'Zweirinnensystem – Große Weser/ Kleine Weser mit Werdersee vor'," erklärt Klaus Frerichs die fachliche Seite. „Die seitliche Entlastungsrinne 'Werdersee' wurde 1987 fertig. Sie übernimmt künftig ein Viertel von einem Jahrhunderthochwasser, damit die zu erwartende gefährliche Strömungsgeschwindigkeit am Teerhof reduziert wird. Drei Viertel des Hochwassers müssen künftig über die Große Weser abgeführt werden.

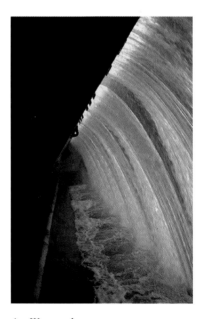

Am Weserwehr

Staustufe Bremen – Blick vom Kraftwerksturm

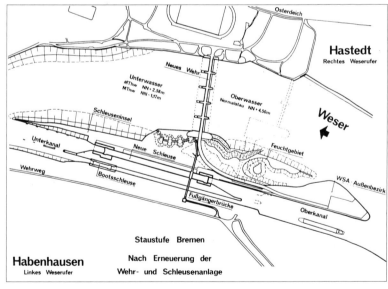

Erneuerung der Wehr- und Schleusenanlage – Planskizze der Staustufe Bremen

Hierfür war das neue Wehr zu bemessen".

Mit der Gestaltung der Wehranlage, die in einer gewachsenen Naherholungslandschaft liegt, erhielten auch das rechte und das linke Ufer ein neues Aussehen. Rechts wurde der Hastedter Uferpark mit Kunstwerken neu angelegt, links wird ein Flachwasserbiotop zur Verbesserung der Gewässerökologie gestaltet. Eine neue Fischtreppe am linken Ufer ermöglicht es den Fischen, flußaufwärts zu schwimmen und die Staustufe zu überwinden.

Damit kein gefährliches Hindernis für den Wasserabfluß entstand, wurde das alte Wehr 1993 abgerissen. Nach wie vor ist beabsichtigt, das alte Wasserkraftwerk durch ein neues zu ersetzen. Für dieses Projekt laufen die Planungen.

„Die offizielle Bezeichnung der im Volksmund Hemelinger Schleuse oder Bremer Weserschleuse genannten Schleuse lautet: Wasser- und Schiffahrtsamt, Außenbezirk Habenhausen, Bremer Weserschleuse," erklärt Alexander Naucke. „Sie ist seit 1909 in Dienst. Die derzeitige Schleuse besteht aus Steuerstand und Hebestelle, wo die Tonnage bezahlt wird. Von den zwei Kammern ist nur noch eine in Betrieb. Binnen- und Freizeitschiffe werden zusammen geschleust. Man muß „nach Gefühl" schleusen.

Zwar ist klar, wieviele „Dickschiffe", d.h. große Binnenschiffe, in die 350 m lange Kammer passen, z.B. vier Schiffe à 85 m Länge – Euronorm; wieviele Sportboote zusätzlich hineingehen, ist allerdings reine Handarbeit. Die Arbeit ist abwechlungsreich und ermöglicht die direkte Kommunikation mit den Schiffern. Den meisten Ärger gibt es mit den 'Freizeitkapitänen'. Es gibt häufig Gerangel um die Plätze, oder aber der Mangel an Fahr-, Rangier- und Schleusenkenntnis führt zu gefährlichen Situationen. So befestigte ein-

Im Steuerstand der Hemelinger Schleuse

In der Schleuse

Am Weserwehr

mal einer jener 'Freizeitkapitäne' auf der Fahrt 'nach unten' sein Boot an der inneren Kammerwand, das Wasser wurde aus der Schleuse abgelassen, und es hing plötzlich festgezurrt schräg an der Wand. Und 'Raser' hinterlassen einen hohen Wellenschlag zum Ärger der Kleingärtner, deren Gärten überschwemmt werden."

„Diesen Sommer wird mit dem Bau der neuen Schleuse begonnen", erläutert Klaus Frerichs. „Es wird also zwischen Wehr und alter Schleuse eine neue Großbaustelle entstehen. Wir bauen eine Einkammer-Großschiffahrtsschleuse und eine Bootsschleuse für die Klein- und Sportschiffahrt. Letztere kann von den Nutzern selbständig betrieben werden. Es wird weiter eine neue Fußgänger- und Fahrradfahrerbrücke fast in Verlängerung des Wehres geben. Sie wird vom linken Randpfeiler der neuen Wehranlage bis zum Wehrweg reichen und die neue Schleuse fast rechtwinklig kreuzen. Über der Schleusenanlage wird es einen Aussichtsbereich geben. Auf der Habenhauser Seite kann man die Brücke über einen Turm, in dem sich eine Treppe befindet, oder über eine Rampe wieder verlassen. Die neue Schleuse lehnt sich an die Gestaltung des Wehres an. Die Schleusenbetriebsgebäude werden aus rotem Klinker und silberfarbenem Metall

Eisgang auf der Weser

gebaut. Die Bauphase beträgt ca. sechs Jahre. Im direkten Schleusenumfeld, aber auch auf zwei ausgewählten Uferflächen an Mittel- und Unterweser werden Maßnahmen zur naturnahen Ufergestaltung durchgeführt."

Blick über die Bürgermeister-Smidt-Brücke

Schlepperliegestelle auf der Weser

Segelschiff auf dem Dach von Beck & Co.

Blick auf die Kirche St. Martini und den Martini-Anleger

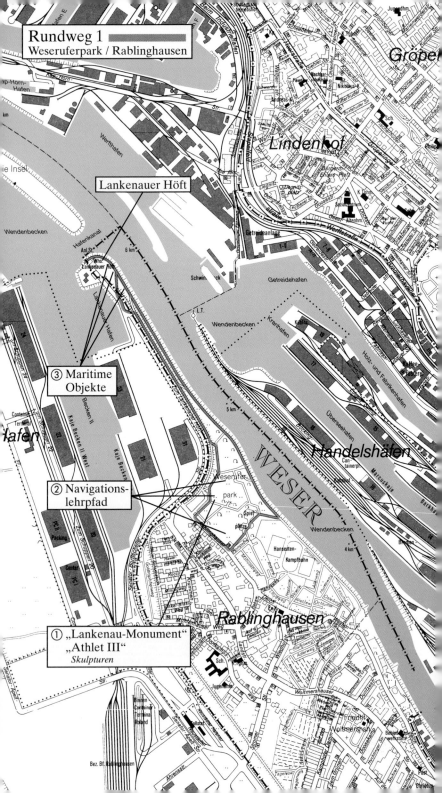

Rundweg 1
Weseruferpark / Rablinghausen

Lankenauer Höft

③ Maritime Objekte

② Navigations-lehrpfad

① „Lankenau-Monument" „Athlet III" *Skulpturen*

Rundweg 1
Weseruferpark Rablinghausen

Der Weseruferpark in Rablinghausen beginnt hinter den Sportplätzen der Hanseatenbahn und zieht sich links des Flusses bis zum Lankenauer Höft an der Weser entlang. Er entstand durch den Bau der Neustädter Häfen. Mit dem ausgebaggerten Sand aus Weser und Hafenbecken wurde der Uferpark aufgespült. Dies erklärt den sandigen Boden und den Bewuchs des Parks: anspruchslose Bäume, Sträucher und Magerrasen. Der Park besteht seit gut zwanzig Jahren und wurde von dem Landschaftsarchitekten Karl-Georg Lindenlaub entworfen. Der Park zeichnet sich durch seine direkte Lage an der Weser und den Blick auf die Hafenanlagen aus: auf die großen stählernen Kräne des Neustädter Hafens links der Weser, den AG-Weser-Kran, die Rolandmühle oder die Schuppen auf der rechten Weserseite. Der Bezug zum Wasser und zur Seefahrt wird auch in den Objekten deutlich, die im Park aufgestellt wurden. Es sind zwei riesige Skulpturen des Künstlers Hans-Jürgen Breuste: das „Lankenau-Monument" aus COR-TEN-Stahl und der „Atleth III" (1), ebenfalls aus COR-TEN-Stahl und Duckdalben aus Holz, beide 1975 aufgestellt. Des weiteren gibt es einen Navigationslehrpfad (2) mit zwei Leuchtfeuern sowie roten und grünen Tonnen, die eine imaginäre Fahrrinne markieren. Die beiden Leuchtfeuertürme wiesen früher der Seeschiffahrt in Berne und Bardenfleth den Weg. Aufgrund fehlender Informationstafeln ist der Navigationslehrpfad für Laien leider kaum verständlich. Weitere maritime Objekte (3) direkt am Lankenauer Höft sind z.b. das Rick eines Finkenwerder Fischkutters, der Schornstein eines Dampfbaggers mit dem Baujahr 1914 oder eine fast hundert Jahre alte Dampfmaschine aus einem Eimerkettenbagger, der bei der Weservertiefung im 19. Jahrhundert im Einsatz war. Die drei großen Betonbremsklötze wurden ursprünglich bei Stapelläufen der AG Weser benötigt. Die Schiffsschraube, die im Uferpark liegt, ist eine aus Eisen bestehende Eisbrecherschraube. Auch Anker sind zu sehen und Ankerbruchstücke des russischen Tankers Eyzhen-Berg, der im Oktober 1981 mit dem Kopf der Hafenmole im Überseehafen kollidierte.

Anfahrt: Mit der Buslinie 62 bis Rablinghausen. Zu empfehlen ist der Weg mit dem Fahrrad über die Woltmershauser Straße und den Westerdeich. Danach fährt man auf der Deichkrone oder auf der Uferpromenade weserabwärts zum Lankenauer Höft. Gaststätten laden zum Verweilen ein.

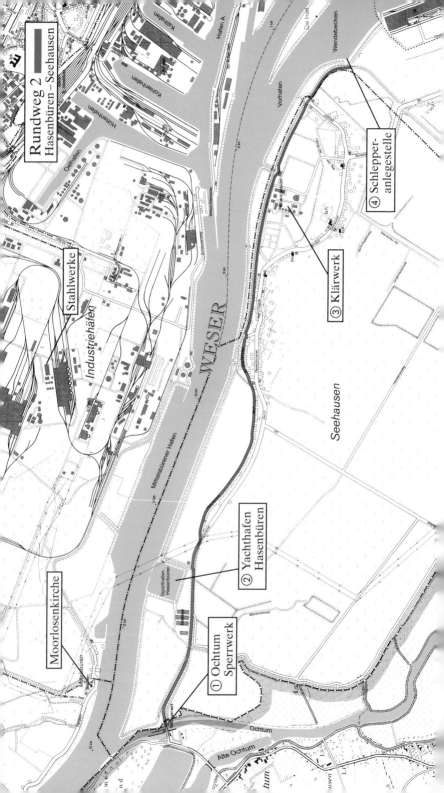

Rundweg 2
Hasenbüren – Seehausen

① Ochtum Sperrwerk

② Yachthafen Hasenbüren

③ Klärwerk

④ Schlepperanlegestelle

Moorlosenkirche

Stahlwerke

Industriehäfen

WESER

Seehausen

Kohlenhafen

Kalihafen

Hafen A

Hüttenhafen

Osthafen

Vorhafen

Wendebecken

Die Inseln

Mittelsbürener Hafen

Sporthafen Hasenbüren

Ochtum

Alte Ochtum

Rundweg 2
Hasenbüren – Seehausen

Dieser Rundweg ist als Teil einer größeren Radtour zu empfehlen, z.B. mit dem Fahrrad in der Citybahn nach Vegesack, von dort mit der Fähre nach Lemwerder, über Deichhausen, Tecklenburg, Braake und Ochtum zum Sperrwerk. Am Ochtumsperrwerk (1) beginnt der eigentliche Weg. Hier wird die Ochtum für das Weserwasser gesperrt oder geöffnet. Wegen des nahegelegenen Yachthafens Hasenbüren (2) kann man hier zahlreiche Sportboote beobachten, die das Sperrwerk passieren, um in die Ochtum zu gelangen oder umgekehrt wieder in die Weser. Gegenüber auf der anderen Weserseite liegt die Moorlosenkirche als letztes Wahrzeichen des Dorfes Mittelsbüren, das in den fünfziger Jahren Opfer des Baus der Klöckner-Hütte wurde. Weseraufwärts fährt man am Hasenbürener Yachthafen vorbei. Direkt gegenüber befinden sich die Stahlwerke Bremen, die ehemalige Klöckner-Hütte. Weiter auf dem Hasenbürener Deich am Dorf Hasenbüren entlang liegen rechterhand sanddünenähnliche Hügel, die aus dem Schlamm der Kläranlage Seehausen (3) bestehen. Auf dem weiteren Weg gelangt man an die Schlepperanlegestelle Seehausen (4). Hier ankern die Schlepper, die

die Schiffe in den Neustädter Hafen geleiten. Gegenüber sieht man die Industriehäfen und in der Ferne die Silhoutte der weiteren stadtbremischen Häfen.

Angesichts des lärmenden und rauchenden gigantischen Stahlwerks mit seinen Emissionen und der hohen, mit Schadstoffen belasteten „Sanddünen" der Kläranlage Seehausen stellen sich dem kritischen Ausflügler auch ökologische Fragen. Unter Lärm, Staub und Gestank leiden besonders die Anwohner.

Zurück kann man über Rablinghausen und Woltmershausen in Richtung Innenstadt radeln. Zahlreiche Gaststätten bieten regionale Spezialitäten an.

Anfahrt: Mit den Buslinien 62, 63 und 64 zum Yachthafen Hasenbüren oder mit dem Fahrrad.

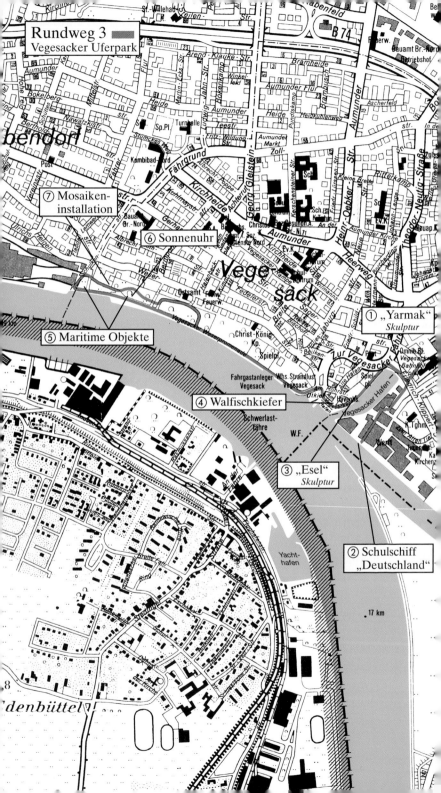

Rundweg 3
Vegesacker Uferpark

⑦ Mosaiken-
installation

⑥ Sonnenuhr

⑤ Maritime Objekte

① „Yarmak"
Skulptur

④ Walfischkiefer

③ „Esel"
Skulptur

② Schulschiff
„Deutschland"

Rundweg 3
Vegesacker Uferpark

Der Uferpark ist vom Bahnhof Vegesack gut zu Fuß zu erreichen. Überquert man den Bahnhofsvorplatz, auf dem das vierzehn Meter hohe Kunstwerk „Yarmak" (1) von Klaus-Dieter Boehm (1987) steht, erreicht man den Vegesacker Hafen mit seinen Segelbooten und alten Heringsloggern. Dort, wo die Lesum in die Weser mündet, an der Pier des ehemaligen Lürssen-Werft-Gebäudes, liegt seit 1996 das Segelschulschiff Deutschland, dessen Masten schon von weitem zu sehen sind (2). Ein Bronzeesel (3), eine Skulptur aus der Bildhauerwerkstatt der Justizvollzugsanstalt Oslebshausen (1985), und der Bronzeabguß der über sieben Meter hohen Unterkiefer eines Blauwals (4), der an die Walfangtradition der Vesakker erinnert, begleiten den weiteren Weg, an dem Gaststätten zum Ausruhen einladen. Nach der Vegesacker Autofähre und dem „Utkiek", dem Vegesacker Aussichtspunkt, beginnt der Uferpark. Von hier aus fahren auch Ausflugsschiffe über die Lesum und die Hamme nach Neu-Helgoland/Worpswede. Mit seinen mehr oder weniger auffälligen Skulpturen, Kunstexponaten sowie den maritimen Objekten, dem Schiffspropeller, Anker und einem auf dem Trockenen liegenden Schlepper (5), bietet der Uferpark einen schön gestalteten Ort zum Flanieren und Erholen. Eine Sonnenuhr (6) im hinteren Teil des Parks erinnert an die „Mutter des Stadtgartens" und Mitbegründerin des Stadtgartenvereins Hanna Borcherding. Besonders liebevoll um einen Teich herum angeordnet befindet sich die Mosaikinstallation (7) des Kulturbahnhofs Vegesack. Zahlreiche farbige Mosaiken und aus Mosaiken bestehende Skulpturen führen zu diesem Teich, der zum Spielen und zur Kontemplation einlädt.

Die Geschichte des Uferparks geht bis in das ausgehende 18. Jahrhundert zurück. Der Vegesacker Botaniker Albrecht Roth hatte am Vegesacker Steilufer einen botanischen Garten angelegt. Nach seinem Tod wurden die Grundstücke an vermögende Bremer verkauft. Noch heute sind am Steilufer in Vegesack viele botanische Raritäten zu finden.

Im Zuge der Weserkorrektion Ende des 19. Jahrhunderts wurde das Ufer am Hangfuß aufgespült, so daß auch die Untergärten intensiv bepflanzt werden konnten. 1924 wurde auf Initiative des Vegesacker Bürgermeisters Wittgenstein die Strandstraße und von 1926 bis 1930 der sogenannte Stadtgarten angelegt. 1930 rief man den „Stadtgartenverein Vegesack" ins Leben, dem man die Pflege des Gartens übertrug. Erstmalig war nun das Weserufer mit seinem Sandstrand für die Bevölkerung erreichbar. Weitere Weservertiefungen – eine lange Spundwand wurde Mitte der siebziger Jahre dieses Jahrhunderts gezogen – führten dazu, daß der schöne Sandstrand in den Fluten versank. Sozusagen als Entschädigung baute man die „Strandstraße ohne Strand" zu einer breiten Uferpromenade aus. Danach plante man, die Weserpromenade und den Stadtgarten zu einem Uferpark zu erweitern. 1988 ließ der Senator für Umweltschutz und Stadtentwicklung ein Entwicklungskonzept für den Uferpark erstellen. Man ist dabei, es zu verwirklichen.

Auch der Vegesacker Hafen und die Werftbrache Grohn (ehemaliges Gelände der Lürssen-Werft) werden neu gestaltet. Ein Ensemble aus Wohnungen, modernen Dienstleistungsflächen, Läden, Gaststätten u.a. wird angestrebt.

Die alte Schönebecker Aue soll wieder zur Lesum hin freigelegt werden. Eine neue Klappbrücke für Fußgänger über den künftigen Sport- und Museumshafen, den Vegesacker Hafen, wird den Stadtgarten mit der neuen Uferpromenade an der Lesum verbinden. Von der Weserpromenade und den Terrassen des Stadtgartens

Vegesack hat man einen herrlichen Blick auf die Weser, die großen Überseeschiffe, die kreuzenden Segelboote, die Autofähre. Die großen Werften Bremer Vulkan, Lürssen und Abeking und Rasmussen bilden die Kulisse.

Der Vegesacker Uferpark ist auch hervorragend in eine größere Radtour weserabwärts einzubeziehen, z.B. nach Brake oder auf die Weserinsel Harriersand. Auf dem Weg dorthin, vorwiegend an der Weser entlang, kommt man in Blumenthal in der Nähe des Rönnebecker Hafens an der Bahrs Plate an einem Skulpturen-Ensemble (Gedenkstätte) von Paul Bichler (1987, 1991) vorbei. Bei Rekum passiert man anschließend den U-Boot-Bunker Valentin, der im Zweiten Weltkrieg von Tausenden von Zwangsarbeitern und KZ-Häftlingen errichtet worden ist. Hinter dem Bunker am Rekumer Siel befindet sich ein Mahnmal für die Opfer der Konzentrationslager von Fritz Stein (1983). Will man nach Brake, nimmt man anschließend die Fähre in Farge. Von Brake aus bietet es sich an, mit einem Schiff der Schreiber-Reederei zurück nach Bremen zu fahren.

Anfahrt: Mit der City Bahn bis zum Bahnhof Bremen-Vegesack.

Rundweg 4
Werderland und Ökopfad

Mit dem Schiff ist das Werderland über den Anleger Mittelsbüren gut zu erreichen. Von dort können Sie entweder zu Fuß oder per Fahrrad auf der Straße entlang des Deiches oder auf dem „Öko-Pfad" durch das Werderland zur Lesum und daran entlang zu den Bahnhöfen Vegesack oder Burg gelangen.

Das Werderland ist als Schwemmland im Mündungsbereich der Lesum entstanden. Der Name geht auf die frühere Insellage zwischen zwei Weserarmen zurück, der eine ist der heutige Weserlauf, der andere verlief im Mittelalter am Rand der heutigen Ortsteile Oslebshausen und Grambke. Die Besiedlung erfolgte bereits um die Jahrtausendwende, aber erst 1246 ist das Dorf Mittelsbüren urkundlich erwähnt. Die Siedlungen Dunge und Lesumbrok im Norden des Werderlandes hat man im 12. und 13. Jahrhundert angelegt.

Durch den Bau der Klöckner-Hütte Bremen 1955-57 sind die alten Dörfer Osterort und Mittelsbüren bis auf die Moorlosenkirche, die Schule und zwei benachbarte Anwesen zerstört worden. Das 400 Jahre alte Bauernhaus Mittelsbüren 20 wurde abgetragen und auf dem Gelände des Focke-Museums wieder aufgebaut. Es enthält eine Dauerausstellung über das frühere Leben in Mittelsbüren.

Der Öko-Pfad beginnt am Rande des Sandfeldes Mittelsbüren, von der Moorlosenkirche etwa 400 m nach links. Das Sandfeld (1) wurde in den zwanziger Jahren im Zuge von Weservertiefungen aufgespült. Es haben sich seither auf den nährstoffarmen Sandflächen selten gewordene Pflanzengesellschaften angesiedelt, die von Flechten- und Moosrasen und Silbergras geprägt sind. Im Frühsommer fallen die blauen Blütenköpfe des Sandglöckchens auf. Die Tierwelt ist durch wärmeliebende Insekten charakterisiert. Sehr häufig sind im Frühjahr die Sandlaufkäfer, die bei Annäherung auffliegen. Im Hochsommer können viele Heuschreckenarten, darunter gefleckte Keulenschrecke, Brauner- und Nachtigallgrashüpfer sowie die seltene und geschützte blauflügelige Ödlandschrecke beobachtet werden.

Unterhalb des Sandfeldes am Öko-Pfad wurde 1992 als Ausgleich für die Vernichtung von Lebensräumen durch umfangreiche Baumaßnahmen auf dem Klöckner-Gelände eine Fläche im Sinne des Naturschutzes modelliert (2). Den nährstoffreichen Oberboden schob man bis auf den anstehenden Sand ab. Darin wurden Gewässer mit unterschiedlicher Ufergestaltung (Flach- und Steilufer) aus-

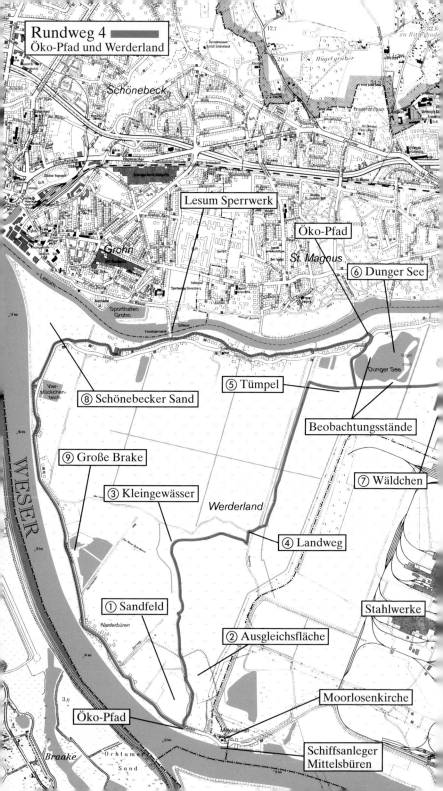

Rundweg 4
Öko-Pfad und Werderland

Schönebeck

Lesum Sperrwerk

Öko-Pfad

⑥ Dunger See

⑤ Tümpel

⑧ Schönebecker Sand

Beobachtungsstände

⑨ Große Brake

③ Kleingewässer

⑦ Wäldchen

Werderland

④ Landweg

① Sandfeld

② Ausgleichsfläche

Stahlwerke

Moorlosenkirche

Öko-Pfad

Schiffsanleger
Mittelsbüren

WESER

Braake

geschoben. In den neuen Lebensräumen breiteten sich rasch typische Tier- und Pflanzenarten aus. Man hat bereits einige seltene Libellenarten nachgewiesen. Die Vegetation der Ufer und Sandflächen ist sehr trittempfindlich, daher darf diese Fläche nicht betreten werden. Vom Weg aus können Sie die unterschiedlichen Lebensräume und die Wasserfläche jedoch gut einsehen.

Entlang des Öko-Pfades hat man ebenfalls einige Kleingewässer angelegt (3). Die umliegenden Flächen werden nicht mehr genutzt, so daß sich dort feuchte Hochstaudenfluren mit Mädesüß, Schilf und Rohrkolben entwickelt haben. An den Gewässern blühen im Frühsommer Blutweiderich, Schwertlilie und viele andere Uferpflanzen. Besonders schön ist Ende Mai/ Anfang Juni die Blüte der Wasserfeder, die in vielen Gräben entlang des Öko-Pfades große Bestände ausbildet.

Auf etwa halber Strecke quert der Öko-Pfad den Landweg (4). Dieser stellte in vorigen Jahrhunderten die direkte Verbindung von Büren nach Oslebshausen und Bremen dar; sie ist durch den Bau der Klöckner-Hütte unterbrochen worden. Der Landweg ist ein Privatweg der Landwirte im Werderland und soll nicht benutzt werden.

Vom Weg aus haben Sie einen guten Blick über die Grünlandflächen des Werderlandes, einem Teil des Bremer Feuchtwiesenringes. Sie sind wichtige Brut-, Nahrungs- und Überwinterungsplätze für Vögel wie Kiebitz, Rotschenkel, Rohrweihe, Feldlerche, Wiesenpieper und Schafstelze. Regelmäßig werden Sie Turmfalken und Mäusebussarde beobachten können.

Am nördlichen Ende führt der Öko-Pfad an zwei angelegten Tümpeln (5) vorbei, die sich völlig unterschiedlich entwickelt haben: Der eine ist fast zugewachsen mit Binsen und Rohrkolben, der andere weist eine dichte Decke von Laichkräutern und Krebsscheren auf. Diese Kleingewässer sind wichtige Lebensräume von Amphibien, von denen im Sommer der Seefrosch nicht zu überhören ist, und einigen Libellenarten. Regelmäßig können hier Königslibelle, Blaugrüne, Grüne und Herbst-Mosaikjungfer, Keilflecklibelle und verschiedene Azur- und Binsenjungfern beobachtet werden. Da der Weg direkt an den Gewässern vorbeiführt, können hier die Tiere und Pflanzen aus der Nähe betrachtet werden. Sie sollten die Ufervegetation jedoch nicht zertreten.

Der Dunger See (6) ist Ende der siebziger Jahre als Baggersee zur Aufspülung des damals geplanten Friedhofes an der Lesum (Westfriedhof) entstanden. Von vornherein wurde festgelegt, daß der neue See nicht für Erholung, Angeln oder Wassersport, sondern für die ungestörte natürliche Entwicklung zur Verfügung stehen sollte. Die Ufer sind besonders buchtenreich angelegt, um vielen Pflanzen und Tieren Besiedlungsmöglichkeiten zu geben. Dieses Konzept hat sich bewährt und heute ist der See, der 1990 unter Naturschutz gestellt wurde, ein Refugium für zahlreiche Wasservögel. Im Sommer sind regelmäßig Haubentaucher, verschiedene Enten, Höckerschwäne und Bläßrallen zu sehen. Im Winterhalbjahr rasten hier einige Hundert Wasservögel, vor allem Reiher-, Tafel- und Pfeifenten sowie Hauben- und Zwergtaucher. Ein guter Einblick ist von den Beobachtungsständen am Nord-wie am Südufer möglich.

Etwas weiter Richtung Grambke ist ein Wäldchen (7) zu erkennen, in dem sich die ehemalige Große Dunge befand. Die Große Dunge war ein Gutshof der ehemaligen Ortschaft Dunge, der auf einer Warft errichtet wurde. In früheren Jahrhunderten fand dort jährlich die „Brickenmahlzeit" statt, ein großes Mahl der umliegenden Bauern, bei dem die Weiderechte für die Gemeinschaftsweiden verteilt wurden. Heute zeugen nur noch der Gehölzbestand und der ehemalige Obstgarten davon, daß hier einmal ein Gutshof gestanden hat. In der mehr oder minder gehölzarmen Niederungslandschaft stellt dieses Wäldchen einen besonderen Lebenrsraum dar. In den alten, teilweise morschen Bäumen leben viele auf altes Holz angewiesene Insekten und Vögel (z.B. Spechte, Pirol, Hohltaube).

Im Mündungsgebiet zwischen Lesum und Weser befindet sich außendeichs einer der letzten Wesersände, der Schönebecker Sand (8). Bei Sturmfluten wird er regelmäßig überschwemmt. Durch die unnatürliche Dynamik der Gezeiten in der Weser nach den Ausbauten ist ein früher vorhandener Priel verlandet und damit das Tideröhricht von der Fließgewässerdynamik abgeschnitten. Um dem entgegenzuwirken, wurde der Priel 1985 neu ausgebaggert, er verlandet aber inzwischen wieder. Im Zuge dieser Baumaßnahme wurden auch zwei Kiesinseln aufgeschüttet, die in natürlichen Fließgewässern vorhandene Lebensräume darstellen sollen. Sie werden sporadisch von Austernfischern als Brutplatz genutzt. Das ausgedehnte Schilfröhricht ist Lebensraum von Rohrammern, Teich- und Schilfrohrsängern sowie Rohrweihen.

Als Zeugnisse früherer Deichbautätigkeit sind verschiedene Kleientnahmestellen am Deich erhalten, die alle als Angelteiche genutzt werden. Das

116

Nebeneinander von Auskolkungen nach Deichbrüchen (sogenannte Braken) und Kleientnahmen (sogenannte Püttlöcher) kann an der Großen Brake (9) gut erkannt werden. Das kleine Gewässer, das im Sommer fast vollständig mit Seerosen bedeckt ist, ist der Rest eines Deichbruches, auf den eine Informationstafel des Deichverbandes hinweist. Die beiden größeren Gewässer sind Kleientnahmen, wie schon die rechteckige Form vermuten läßt. Sie werden als Angelteiche genutzt.

Hinweise: *Der Öko-Pfad ist ein wenig befestigter Fußweg durch das Werderland, der im Sommer auch mit Fahrrad benutzbar ist. Er führt durch Gebiete, die von störungsempfindlichen Tieren besiedelt sind. Daher sollten Sie den Weg nicht verlassen und Hunde an kurzer Leine führen. Da der Weg oft von Motorradfahrern als Motorcross-Strecke mißbraucht wird, mußten einige Sperrschranken errichtet werden, die sich aber mit dem Fahrrad umgehen lassen. Die Blütenpracht am Weg reizt im Sommer zum Mitnehmen von Blumensträußen. Da jedoch alle Pflanzen hier auf hohe Feuchtigkeit angewiesen sind, verwelken die Blumen sehr schnell und halten sich nicht in der Vase. Erfreuen Sie sich an dem Anblick vor Ort und lassen Sie auch anderen Mitmenschen nach Ihnen die Freude*

Autor: Dipl.-Biologe Henrich Klugkist

Anfahrt: Mit dem Schiff der Schreiber-Reederei bis Mittelsbüren oder mit der City Bahn in Richtung Bremen-Vegesack bis zum Bahnhof Burg. Von dort auf dem Deich oder der Lesumbroker Landstraße entlang – Gaststätten bieten einen schönen Blick auf die Lesum – bis kurz hinter dem Dunger See, wo der Öko-Pfad beginnt.

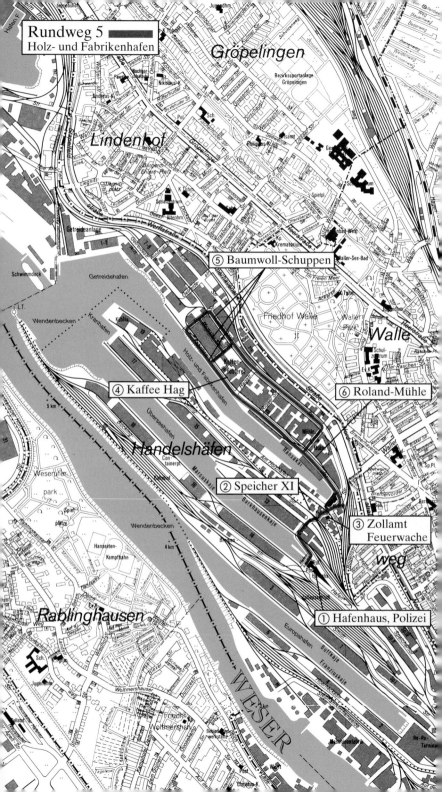

Rundweg 5
Holz- und Fabrikenhafen

Der Rundweg beginnt am Hafenkopf II des Überseehafens und ist speziell auf die Hafenarchitektur ausgerichtet. Sie ist anschaulich von Nils Aschenbeck in seinem Buch: „Die Architektur der stadtbremischen Häfen" beschrieben. Ihm sind die nachfolgenden Ausführungen entnommen.

1926 wurde unmittelbar am Hafenkopf des Freihafens II ein Polizeihaus errichtet – ein neoklassizistischer, symmetrisch gegliederter Bau mit hohem Walmdach und Dachreiter. Den Entwurf zeichnete das Hafenbauamt. Das Walmdach ist nicht mehr erhalten. In den Jahren 1959-1961 errichteten Max Säume und Günther Hafemann das Hafenhochhaus. Es wird heute von der Bremer Lagerhaus-Gesellschaft genutzt und ist eines der gelungensten Hochhäuser in Bremen. Durch die Höhe (13 Geschosse) und die Klarheit wirkt das Bauwerk wie ein neues Symbol des Hafens. Das Hochhaus war anfänglich mit Fliesen verkleidet, die später jedoch durch einfachen Putz ersetzt wurden. Auf der Grundfläche des BLG-Hochhauses stand bis zum Krieg der vordere Teil des Verwaltungsgebäudes von 1926 (1).

Geht man weiter zur Eduard-Suling-Straße, kommt man zu einem langgestreckten Gebäude, dem Speicher XI. Er wurde in den Jahren 1908 bis 1910 in gründerzeitlicher Speicherarchitektur vom Hafenbauamt errichtet. Allein dieses Gebäude verweist noch auf die Vorkriegstradition, parallel zu den Schuppen Speicher zu bauen. Damals handelte es sich noch um zwei Gebäude, die erst nach dem Krieg 1947 durch einen Zwischentrakt verbunden wurden. Für einen derart aufwendigen Speicher gibt es im Freihafengebiet kein zweites Beispiel (2).

Am Kopfende des Holz- und Fabrikenhafens sind in den Jahren 1904 bis 1907 Feuerwache und Zollamt entstanden. Die Pläne zeichnete der Architekt Beermann, der beim Hochbauamt beschäftigt war. Beermann hatte zuvor das Übersemuseum und das Elektrizitätswerk in Hastedt errichtet. Das im Stil der Neugotik gestaltete Gebäude gibt dem Hafenbecken einen repräsentativen Abschluß. Das ziegelrote, stark untergliederte Bauwerk ist gut erhalten. Nur neue, sprossenlose Fenster haben das Erscheinungsbild verändert. Ein Dachausbau von 1952 fügt sich gut in das Gesamtbild ein (3).

Die Bauten, die heute zum Kaffee-HAG-Komplex gehören, wurden im Auftrag der Bremen-Großgerauer Ölfabrik errichtet. Die ersten Bauten waren 1899 fertiggestellt, der zweite Bauabschnitt sowie die Schauseiten zum Hafen erfolgten 1906 (Hildebrand & Günthel). Von den typisch gründerzeitlichen Bauten sind einige Beispiele erhalten, die noch immer eine geschlossene Front bilden. Die beiden hafenseitigen Bauteile wurden in den fünfziger Jahren durch einen Zwischenbau miteinander verbunden (4).

Erreicht man die Straße Am Fabrikenufer, die Memeler und Cuxhavener Straße, fallen die eingeschossigen Schuppenreihen auf, die am hinteren Abschnitt des Fabrikenufers ein geschlossenes Quartier bilden. Für die Firmen P.H. Ulrichs, J.H. Bachmann, Clausen & Wieting u.a. haben Otto Wilhelm Hildebrand und Carl Adalbert Günthel schmale, tiefe Schuppen mit Tonnendächern, z.T. auch mit Satteldächern entworfen. Die Schuppen wurden in den Jahren 1912 bis 1913 (Schuppen 1-16) und 1926 bis 1927 (Schuppen 17-21) errichtet. Zwischen den Schuppen liegen hohe Brandmauern. Die Fassaden sind durch Gesimse und Lisenen gegliedert. In den Schuppen wird Baumwolle, heute teilweise auch Kaffee eingelagert. Im Dritten Reich dienten die Schuppen 21 und 27 als Lager für Zwangsarbeiter. Nur wenige Bauten der Schuppenzeilen sind noch im Originalzustand erhalten. Meist hat man die Tore und die Fenster verändert.

Schuppen 6 am Fabrikenufer wurde nach Bombentreffern bereits 1940 von Hildebrand und Günthel wiedererrichtet (5).

Für die Roland-Mühle, Erling & Co, ein seit 1897 in Bremen ansässiges Unternehmen, bauten die Architekten Hildebrand und Günthel um 1910 einen neuen Silobau. Der Bau ist aus 24 einzelnen Eisensilos gefertigt. Unterbau und Dach bestehen aus Eisenbeton. Der Silobau galt damals mit seinen 45 Metern Höhe als der wohl höchste Speicherbau Europas. Die formal stark reduzierte Architektur ist vollständig und originalgetreu erhalten. Nur die Schauseite wurde 1925 durch die zweite Erweiterung der Roland-Mühle Am Fabrikenufer verstellt. Die Art-Déco-Architektur, die an amerikanische Wolkenkratzer erinnert, dominiert das Hafengebiet. Der Turmhelm wurde nach dem Krieg vereinfacht und verkürzt wieder aufgebaut. Die Roland-Mühle war in den zwanziger und dreißiger Jahren ein beliebtes Motiv bei Malern und Fotografen (6).

Anfahrt: Mit der Straßenbahnlinie 3 bis zum Waller Ring oder mit dem Fahrrad.

„Flußkiesel" von Rudl Endriss

Rundweg 6
Peterswerder-Hastedt-Buntentor

Dieser Rundweg hat den Schwerpunkt „Kunst". Die Kunstwerke sind Teil des Programms „Kunst im öffentlichen Raum in Bremen" und z.T. im Rahmen von Bildhauersymposien entstanden.

Der Rundweg ist mit dem Fahrrad zu empfehlen und lädt auch den nicht so Kunstinteressierten zu einem schönen, abwechslungsreichen und citynahen Ausflug zwischen Weserstadion und Werdersee ein, zwischen Kultur und Natur. Auch gastronomisch hat er einiges zu bieten.

Aus der großen Anzahl von Kunstwerken ist hier eine Auswahl getroffen. Direkt am Fähranleger am Osterdeich beginnt der Rundweg. Dort befindet sich die Skulptur von Mike Rodemer aus Stahl und Neon, 1992 (1). Weseraufwärts, vorbei am Weserstadion, kommt man Auf dem Peterswerder zu der Uferpromenade an der Holzskulptur „Ruder" von Dieter Oehm, 1981 (2), einige Meter weiter an der Skulptur „Sender-Empfänger" (Beton, Stahlblech, Metall) von Bert Haffke, 1987 (3), vorbei. Auf dem Weg zum neuen Weserwehr im neu gestalteten Hastedter Uferpark passiert man Objekte und Installationen,

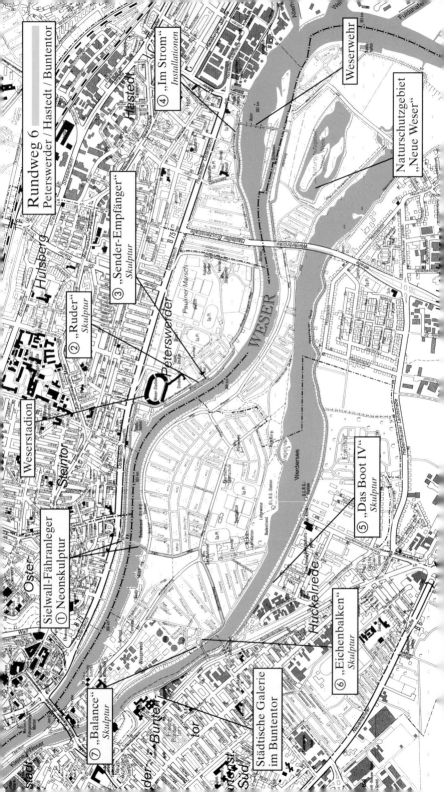

Rundweg 6
Peterswerder / Hastedt / Buntentor

Hastedt

④ „Im Strom" *Installationen*

Weserwehr

Naturschutzgebiet „Neue Weser"

Hülsberg

③ „Sender-Empfänger" *Skulptur*

② „Ruder" *Skulptur*

Peterswerder

WESER

Pauliner Marsch

Weserstadion

Oster-

Sielwall-Fähranleger
① Neonskulptur

Steintor

Werdersee

⑤ „Das Boot IV" *Skulptur*

Hückelriede

⑥ „Eichenbalken" *Skulptur*

⑦ „Balance" *Skulptur*

Buntentor

Städtische Galerie im Buntentor

die zum Thema „Im Strom" (4) 1994 aufgestellt wurden. Riesige Körbe mit Flußkieseln von Rudl Endriss stehen vor dem Wehr, kurz dahinter befindet sich die „Strömungsform" von Gunther Gerlach, etwas oberhalb zwischen dem ehemaligen alten Wehr und dem neuen Wehr liegt die „Anschwemmung" von Branko Smon, bestehend aus Eisenrohren, den Wehrnadeln des alten Wehres. Man überquert das neue Wehr, radelt auf der linken Weserseite auf dem Wehrweg weserabwärts bis zur Habenhauser Brückenstraße. Von diesem Weg hat man einen schönen Blick in das neu angelegte Naturschutzgebiet „Neue Weser". Hier kann man verschiedene Vogelarten wie die Flußseeschwalbe und den Kormoran beobachten. Danach überquert man den Werdersee und fährt weiter auf dem Habenhauser Deich links der Weser über die Süduferpromenade Kleine Weser. Dort steht u.a. die Sandstein-Skulptur „Das Boot IV" von Colin Foster, 1987 (5). Für besonders Kunstinteressierte bietet sich die Weiterfahrt zur Städtischen Galerie im Buntentor und zum Neuen Museum Weserburg auf dem Teerhof an.

Auf der Kleinen Weserbrücke überquert man die Kleine Weser und erreicht die Norduferpromenade. Dort befinden sich u.a. die Skulpturen „Eichenbalken" von Peter Könitz, 1991 (6), und „Balance" von Jan Meyer-Rogge, 1991 (7). Über den Deichschartweg fährt man an der Gaststätte „Zum Kuhhirten" vorbei und den Fährweg zum Café Sand bzw. zum Licht- und Luftbad. Am Fähranleger schließt sich der Rundweg.

Weitere Informationen zur Kunst im öffentlichen Raum und genaue Beschreibungen aller Objekte befinden sich bei Manske/Opper (1993).

Anfahrt: Mit den Straßenbahnlinien 2, 3 und 10 bis zur Haltestelle Sielwall oder mit dem Fahrrad.

Danksagung

Mein Dank gilt den Gesprächspartnern und Gesprächsparterinnen, ohne deren Hilfe das Buch in dieser Form nicht zustande gekommen wäre:

Hans-Joachim Abendroth, ehemaliger Mitarbeiter der BLG – Michael Abendroth, BUND – Nils Aschenbeck, Kunsthistoriker – Albert Bergmann, Wasser- und Schiffahrtsamt – Johannes Bieler, Seemannspastor bei der Katholischen Seemannsmission – Stephan Boltz, Senator für Bau, Verkehr und Stadtentwicklung – Werner Born, Vorsitzender des Landes-Kanu-Verbandes Bremen – Robert Bücking, Ortsamtsleiter Mitte/ Östliche Vorstadt – Thomas Deecke, Direktor des Neuen Museums Weserburg – Hartmut Emig, Kulturwerkstatt Westend – Susanne Engelbertz, Arbeitsgruppe Häfen, Senator für Umweltschutz und Stadtentwicklung – Hans P. Erling, Seniorchef der Roland-Mühle – Gerd Ewert, Segler – Jan-Jörg Flechtmann, Urenkel von Luzie Flechtmann – Klaus Frerichs, Leiter des Wasser-und Schiffahrtsamtes – Günter Friedrichs, ehemaliger Vorsitzender der Yachthafengemeinschaft Hasenbüren – Niels Frommeyer, 7 Jahre – Dieter Großmann, Wasserschutzpolizei – Udo Hauser, Vorsitzender des Landesruderverbandes – Gustav Hempe, Lotse i.R. – Hildegard Kempista, Urenkelin von Luzie Flechtmann – Henrich Klugist, Biologe – Detlef Kniemeyer, Leiter des Bremer Planungsamtes – Peter Koch-Bodes, Vorsitzender des Fischeramtes – Egmont Koslowski, Wasserschutzpolizei – Heiko Lauterbach, Wasserschutzpolizei – Willi Lemke, Manager von Werder Bremen – Hans-Joachim Manske, Direktor der Städtischen Galerie im Buntentor – Ingo Mose, Geograph – Alexander Naucke, Wasser- und Schiffahrtsamt Bremen, Bremer Weserschleuse – Jimmi Päsler, Künstler – Malte Petrera, 7 Jahre – Jens Rezewski, Wasserschutzpolizei – Helmut Risse, Mitarbeiter im Hafenamt i.R. – Karl Ritsch , Mitarbeiter im Hafenamt i.R. – Kurt Sachweh, Lotse i.R. – Gustav Schnier, Lotse i.R. und seine Frau Helga – Thomas Tilgner, Lotse i.R. und seine Frau Ursula – Wendelin Seebacher, Bremische Gesellschaft für Stadtentwicklung, Stadterneuerung und Wohnungsbau , jetzt Stadtentwicklung Vegesack GmbH – Hans Wilhelm Sotrop, Künstler – Gerhard Steinmetz, Wasser- und Schiffahrtsamt – Dieter Stratmann, Verein Hal Över – Herbert Wendt, Hafenamt – Egon Wöltjen, ehemaliger Mitarbeiter der BLG

Literatur

Arbeitsgemeinschaft Stadt-Raum-Objekt (Uwe Süchting, Bettina Thormann-Salamon, Matthias Berg): Weserstadt Bremen. Ein Beitrag zur ökologischen Stadtentwicklung, Bremen 1991

Aschenbeck, Nils: Die Architektur der stadtbremischen Häfen. Bremen 1994

Bank für Gemeinwirtschaft (Hrsg.): Deutscher Städtebaupreis. Walter-Hesselbach-Preis, Frankfurt a.M. 1994

Benja, Günter: Hal Över! 250 Jahre Sielwallfähre, Bremen 1985

Benja, Günter: Bremer Fährleute, Bremen 1989

Bremer Lagerhaus-Gesellschaft: Bremen/Bremerhaven - zwei Häfen unter einem Dach. Presseinformation, Bremen 1994

Brundiers, K./Fleischhauer, G.: Die Weser, Hamburg 1992

Bund Deutscher Architekten (Hrsg.): Stadt am Strom. Dokumentation des Planer- und Architekten-Workshops 1992, Bremen 1993

Busch, Dieter/Schröder, Karsten/Schuchardt, Bastian: Niedergang der Flußfischerei auf der Unterweser. Projekt Weserwasser der Universität Bremen, Bremen 1982

Busch, Dieter/Schirmer, Michael/Schröder, Karsten/Schuchardt, Bastian: Der Ausbau der Unterweser zum Großschiffahrtsweg und seine Auswirkungen auf das Flußökosystem und die Flußfischerei. In: Neues Archiv für Niedersachsen, Bd. 33, Heft 1, S. 60-80, Göttingen 1984

Dasenbrock, Dirk (Hrsg.): Stadt Land Weser Fluss. Schiffahrt, Handel, Industrie von Münden bis zur Mündung, Bremen 1987

Dünnbier, Ernst: Von Jantjes, Fastmokers und Poppedeideis, Bremen 1982

Duncker, Gerhard: 400 Jahre Fischeramt in Bremen, Bremen 1941

Focke-Museum für Bremische Altertümer (Hrsg.): Das alte Bremen. Leipzig 1922

Freudenberg, Hans-Günter (Red.): Hafenhandbuch Bremen Bremerhaven, Hamburg 1990/91

Gläbe, Friedrich: Bremen einst und jetzt - Eine Chronik, Bremen 1961

Gläbe, Friedrich: Die Unterweser. Chronik einer Landschaft, Bremen 1963

Grabemann, I./Kunze, B./Müller, A.: Ausbau der Unter- und Außenweser: Morphologie und Hydrologie. In: UVP Förderverein (Hrsg.), Umweltvorsorge für ein Fluß-Ökosystem [= UVP Spezial 6], Dortmund 1993

Gutmann, Hermann/Hollanders, Sophie/Mönch, Jochen: Bremer Speisen, Bremen 1993

Helm, Karl: Das Amtsfischerhaus. Kleine Chronik eines Hauses aus der Steffensstadt, Bremen 1977

Herzog, Ulrich: Am Strom entlang. Fahrradführer Weser, Kiel 1991

Jansen, Hans/Meyer-Braun, Renate: Bremen in der Nachkriegszeit, Bremen 1990

Kippenberg, Anton: Geschichten aus einer alten Hansestadt, Hamburg 1946

Klinger, Theo: Bordbesucherin bemuttert die Crew. In: Weser-Kurier, 7. Juli 1973

Kulturladen Pusdorf (Hrsg.): Die Sommertage, die es nicht mehr gibt. Das Woltmershauser Weserufer, Bremen 1986

Manske, Hans-Joachim/Opper, Dieter (Hrsg.): Kunst im öffentlichen Raum in Bremen 1973-1993 [= Bremer Beiträge zur Kulturpolitik VII], Worpswede 1993

Mensing, Otto: Schleswig-Holsteinisches Wörterbuch, Neumünster 1933

Müller, Jens Theo: Bremen von klein auf. Streifzüge in die Geschichte für Eltern und Kinder, Bremen 1987

ndt/reu: Deichbruch: Fluten rissen Parzellenhäuser mit. In: Weser-Kurier, 16. März 1981

Ortlam, Dieter: Die Balge als Hauptstrom der Werra/Weser? In: Die Weser. Zeitschrift des Weserbundes, Heft 3-4/1994

Richter, Wolfgang: Fehlte nur noch der Eisbär. In: Kurier am Sonntag, 18. Januar 1987

ri: Bremen: Bricht das Weserwehr? In: Kurier am Sonntag, 18. Januar 1987

Robin Wood: Weserabflußfibel, Bremen 1996

Rogge, Alma: Bremen vor meiner Tür. In: Bremen – Merianheft 7 des XVIII. Jg., Hamburg 1995, S. 82-95

Roder, Hartmut (Hrsg.): Bremen - Handelsstadt am Fluß, Bremen 1996

Rühmer, Karl: Die Süßwasserfische und Krebse der europäischen Gewässer, Stuttgart 1952

Ruß, Lilo: Eis-Unglück - Schiffe losgerissen. In: Bremer Nachrichten, 16. Januar 1987

Schirmer, M./Haeslop, U./Schuchardt, B./Winkelmann, Chr.: Rahmenplan Renaturierung Unterweser. Vorstudie im Auftrag des Senators für Umweltschutz und Stadtentwicklung, Bremen 1991

Schirmer, Michael: Beurteilung der Wassergüte und der Biologie des Unterweserästuars. In: UVP Förderverein (Hrsg.), Umweltvorsorge für ein Fluß-Ökosystem [= UVP Spezial 6], Dortmund 1993

Schwarzwälder, Herbert: Bremen im Wandel der Zeiten - Die Altstadt, Bremen 1970

Schwarzwälder, Herbert: Reise in Bremens Vergangenheit, Bremen 1986

Senator für Umweltschutz und Stadtentwicklung/Die Sparkasse in Bremen/Handelskrankenkasse (Hrsg.): Naturschutzgebiete im Land Bremen und weitere Schwerpunkte der Naturschutzarbeit, Bremen 1994

Senator für Umweltschutz und Stadtentwicklung (Hrsg.): Bremen Weser Spezial. Das Magazin zur „Stadt am Fluß", Bremen 1995

Stadtteilgruppe des Bürgerhauses Weserterrassen (Hrsg.): Zwischen Weserwehr und Weserstadion. Sport, Politik und Freizeit in der Pauliner Marsch, Bremen 1986

Wasserschutzpolizei Bremen: Die Wasserschutzpolizei Bremen, Bremen 1993

Weserbund: Weser-Radweg von Hannoversch-Münden bis Bremerhaven. Radwanderkarte 1:75 000, Bielefeld 1993

Wolkenhauer, W. (Hrsg.): Landeskunde der Freien Hansestadt Bremen und ihres Gebietes, Breslau 1908

Bildnachweis

Archiv des Bürgerhauses Weserterrassen: S. 16 (unten), 18. – Archiv des Donat Verlages: S. 23, 33, 36, 56, 60, 77, 86, 90, 94, Titelumschlag. – Archiv zur Stadtteilgeschichte im Kulturladen Pusdorf: S. 16 (oben), 20. – Stefan Boltz, Bremen: S. 37. – Hans Brockmöller, Bremen: S. 50 (oben). – Carola Henriette Deppe, Bremen: S. 40, 41, 97, 98 (unten) – Jan-Jörg Flechtmann, Bremen: S. 45, 46. – Hans Saebens, Bremen: S. 50 (unten). Ulrich Schäfer, Bremen: S. 76. – Karl-Edmund Schmidt, Bremen: S. 51, 54. – Studio B (Niemann & Schmoll), Bremen: S. 10, Titelumschlag (oben links). – Richard Wagner, Wolfratshausen: S. 47. – Wasser- und Schiffahrtsamt, Bremen: S. 83, 87, 88, 99. – Weser-Kurier, Bremen: S. 78. – Alle übrigen Fotos von Stefanie Prahl, Bremen (Aufgenommen im Zeitraum 1994-1996).

Kartennachweise

Arbeitsgemeinschaft Stadt-Raum-Objekt, Bremen: S. 19. – Dieter Busch u.a., Bremen: S. 92. – Kataster- und Vermessungsverwaltung der Freien Hansestadt Bremen („Stadtplan 1:20 000"): S. 104, 106, 108, 112, 116, 120. – Niedersächsisches Innenministerium und der Senator für Umweltschutz und Stadtentwicklung der Freien Hansestadt Bremen (Karte: „Gemeinsame Landesplanung Bremen/Niedersachsen 1:200 000): S. 8 und 9. – Wasser- und Schiffahrtsamt, Bremen: S. 100 (unten). – W. Wolkenhauer, Bremen: S. 91.

Truxi Knierim:
**Annas Befreiungskrieg –
Ein historischer Roman**
191 Seiten, 1 Karte
Gebunden, 24.80 DM
ISBN 3-931737-15-2

Donat  Verlag
Borgfelder Heerstraße 29
D-28357 Bremen
Tel. 04 21/27 48 86
Fax 04 21/27 51 06

Annas Befreiungskrieg – Ein historischer Roman

Das ist die Geschichte der Anna Lühring, „die durch ihren unbefleckten Ruf, ihren Mut und ihre jungfräuliche Sittsamkeit Bremens Namen noch rühmlicher nennen gemacht hat" – und alsbald vergessen wurde. Truxi Knierim ist ihren Spuren nachgegangen und bringt sie uns als eine Bremerin in Erinnerung, die sich nicht damit zufrieden gab, an Herd und Haus zu verkümmern.

„Sie hat sich 1814 als Mann verkleidet und als Eduard Kruse mit den 'Lützower Jägern' gegen die napoleonische Fremdherrschaft gekämpft. Die Kunde von der 'heldenmütigen Bremerin' verbreitete sich rasch, und selbst der alte Blücher ließ sich die junge Tochter eines Bremer Zimmermanns vorstellen.

Auf spannende und unterhaltsame Weise ist es Truxi Knierim gelungen, uns die ebenso liebenswürdige wie bescheidene Anna Lühring wieder ins Gedächtnis zu rufen. Ein Leseabenteuer erwartet Sie – bremisch, traditionsbewußt, ein Plädoyer für die Emanzipation der Frau, für jung und alt geeignet, im großen wie im leichten Gepäck unterzubringen und liebevoll ausgestattet."
(Bremer Anzeiger)